零售业数字化转型宝典

多点DMALL·主编

电子工业出版社
Publishing House of Electronics Industry
北京·BEIJING

一些指引和启发。

——新东方教育科技集团创始人　俞敏洪

在科技创新的引领下，零售业会进化成何种形态？今天，我们还无法把握全貌，但有一点可以确信，那就是科技与数字化对零售业的影响还没有完整呈现出来，我们能做的仅是顺应趋势，拥抱变化，探索数字化转型的路径和方法。本书不仅汇集了国内和国际知名实体零售企业、品牌商的数字化转型案例，还融合了多点 DMALL 多年来的实际经营经验，理论与实践俱在，相信能为实体零售企业转型、发展提供有益帮助。

——中国连锁经营协会会长　裴　亮

越来越多的实体零售企业开始意识到，数字化不光是简单的线上卖货，更关乎企业的核心运营能力。实体零售企业应该思考的是，如何利用数字化工具与如今瞬息万变的消费市场沟通，以及对组织运营、商业模式、渠道触达等全链路进行数字化改造。本书深度洞察零售业痛点，分享知名实体零售企业的数字化转型案例，为企业数字化转型提供真正可执行、可落地的指导意见，值得零售人一读。

——麦德龙中国副首席执行官　陈志宇

每一个闻鸡起舞的日子都不曾被辜负。张文中博士亲历、引领、见证了我国零售业的从小到大、从实体零售到数字化零售的全过程，并以其卓越的数字化领先理念和卓而不群的持续奋斗，抒写了我国零售业数字化转型的一个又一个传奇。正是这些传奇，构成了本书真实、生动、深刻的场景，凸显出本书在数字化时代的重要价值。我们正直面零售业的"至暗时刻"。与其惧怕黑暗，不如举起火把。数字化正是"至暗时刻"的火把。我们坚信，只有基于数字化的全面变革才有明天——唯有用数字化的认知和技术对业务、流程、场景、模式进行全面的解构与重构，才有可能有质量地"活下去"，全面数字化正在成为我们的基本生存条件。一瞬正念，满眼花开。这是一个长期主义者新长征的时代，是一个身处数字化革命而特别需要提升数字化认知的时代，是一个所有的成功都是认知的成功、所有的失败都是认知的失败的时代。阅读一本好书正是获取数字化认知的正确途径之一。因为相信，所以看见；因为看见，所以行动；因为行动，所以改变——推荐本书之因。

——物美集团首席运营官　于剑波

在数字化时代，所有产业都值得重做一遍。多点 DMALL 对于我国零售业转型升级的研究颇深，对零售业的深刻洞察、对全球数字化趋势的前瞻预判，以及由此打磨出的 SaaS 系统数字化解决方案，对我国零售业，甚至全球零售业而言都是非常宝贵的。本书来自一线鲜活的实战案例，介绍了多点 DMALL 的核心理念和上下求索历程，相信对正在数字化浪潮中搏击的朋友们有所助益。

——《中国企业家》杂志副总编辑　何伊凡

◇ 前　言 ◇

张文中　博士

多点 DMALL 董事长、物美集团创始人，致力于以数字化推动零售业转型升级。

我与数字化之缘

1978 年，《人民文学》第 1 期刊发了报告文学《哥德巴赫猜想》，可以说陈景润的故事影响了我们这一代人，数学专业也由此变成了我报考大学的第一选择。

1979 年，我踏进了南开大学的校门。在数学大师陈省身的影响下，我深深地爱上了数学，并进行了系统学习，也因此与数学结下了不解之缘。

数学是一个"难事起步"的专业，决策学会"从难事做起"，十分注重细节。学数学的人，理性、认真、严谨。这些特质影响并指导着我之后的学习、创业过程，乃至生活。我在南开大学选择了自动控制系统作为论文的研究方向，这对我后来提出分布式电商也产生了很大的影响。

1992 年，我在斯坦福大学从事系统工程学博士后研究工作，亲眼目睹了创新创业铸就的硅谷奇迹，见证了科技改变世界的力量，尤其是商业信息系统对零售业乃至流通产业起到的巨大变革作用。同时，邓小平视察南方谈话让我意识到，经济、创新能够真正推动国家的发展和进步，企业家可以是时代的英雄，创业是一个人一生中最需要做的事情。于是，我决定回国创业。

1993年，我在北京创办了我国最早的科技企业之一——卡斯特公司。当时，卡斯特公司自主开发了一套专为零售业设计的基于POS机的管理信息系统，但市场反响并不热烈。

1994年，我创办了北京市第一家示范超市——物美综合超市北京翠微店（以下简称翠微店），希望用它来验证科技的力量，并为卡斯特公司的产品打开市场。翠微店的销售形式为开架式，之所以能够做到物美价廉，是因为每一种单品的销售情况均由管理信息系统"掌控"，整个供应链数据完整清晰可见，从而能够实现精准订货，在降低成本、提升效率的同时，真正满足消费者的需求。翠微店在开业当天就引起了巨大轰动，消费者纷纷从通州、昌平、大兴等地赶来，不仅在当天突破了百万元的销售额，还证明了科技对于真正满足消费者需求的巨大的、革命性的作用。开业第一年，物美的销售额就达到了1亿多元。尽管由于种种原因，卡斯特公司并没有被人们所熟知，反而为了验证这套管理信息系统而诞生的物美取得了意想不到的成功，但科技改变流通产业的种子早已深埋心底，因此我提出了零售业也是高科技的观点。

2014年，在我重新思考以科技改变流通产业的问题时，人类的生活方式和科技都发生了日新月异的变化。面对时代的巨变和汹涌的电商浪潮，零售业正面临着巨大的挑战。

与此同时，物美也已经发展到了一定的规模，自身也面临着数字化转型的挑战：物美今后要如何发展，流通产业的数字化未来到底在哪里？经过思考，我认为零售业必须要在全面数字化的基础上实现线上线下一体化。全面数字化就要求零售企业从本质上必须采用新的架构，必须有基于云端的思考，必须建立一套SaaS体系。

有了这些思考，我意识到这项令人心潮澎湃的事业必须另起炉灶，必须与物美保持独立。虽然这项事业最早的客户和研究对象是物美，但它要为整个流通产业的数字化服务，为其他很多很多的客户服务。幸运的是，我遇到了一群志同道合、敢想敢干的年轻人，并在 2014 年底创办了多点 DMALL，希望打造一套最好的系统，让零售企业大展宏图。

时光荏苒，初心不改。就这样，时隔 20 年，我再次创业，带领多点 DMALL 投身于以科技推动零售业的变革之中。

推倒重来建新城还是包容发展改旧城

2020 年 12 月 4 日，胡春华副总理来到物美顺义区后沙峪店视察，单刀直入地问我："实体店还会不会存在下去？你怎么看？"

我当时讲了三点，也得到了胡春华副总理的充分肯定：

- 实体店一定会存在下去。
- 存在下去的实体店一定是全面数字化的实体店。
- 全面数字化的实体店一定要彻底回归商业本质，真正满足消费者的需求。

这一回答源于我一直以来对零售业数字化路线选择的思考：究竟是抛开实体店直接建设一个数字化的零售新世界，还是在实体店的基础上进行升级复用，改造业已存在的零售旧世界？

2014 年，电商大行其道，实体零售行业受到挤压，发展艰难。有悲观者认为，实体零售将会被电商所取代。因此，有些实体零售企业照搬电商模式，大力投入线上商城，也有很多互联网巨头在谋划并陆续开设新零售店铺。但我始终坚信实体零售的价值，坚信电商与实体零售不是替代关系，而是共融关系。

创办多点 DMALL 的初衷就是希望利用新技术、新方法对传统业态和经营方式进行彻底的、接地气的改造，充分挖掘现有实体零售企业的价值，使现有网点资源和供应链资源得到有效复用，实现低投入、可持续、高增长，这样才能减少震荡，为社会带来更大福音。

相对彻底推倒重来建设数字化的零售新世界，在实体店的基础上进行改造升级更为艰难，但必须要做。作为一名深耕零售业近 30 年的"老兵"，作为一名拥有十万名员工的实体零售企业创始人，作为千千万万名实体零售人中的一员，我深感责任重大，也深信这是一条更加符合国家整体经济效益和社会效益的发展路径，更是流通产业崛起的必由之路。

DT 时代的 SaaS 替代 IT 时代的 ERP 是必然趋势

云计算、大数据、人工智能等技术的长足发展，让我们在新的历史阶段，使用新技术解决老问题变得恰逢其会。

数字化时代重新定义了企业和消费者之间的关系。随着时代的变化，实体零售业已经从单一的到店场景服务迭代为全渠道的多场景服务，这就需要一套更为先进的数字化解决方案。

IT 时代的解决方案，如传统 ERP，它更多针对的是到店业务场景的交易，虽然能在单品管理、店铺空间管理以及人员管理等方面提供很大帮助，但受限于 IT 时代的技术架构，使得传统 ERP 所能够提供的服务范畴十分有限。

在 DT（数字化）时代，市场变化很快，零售企业面临 O2O、直播、拼团、自提等多场景的一体化需求，涉及门店后端在商品、促销、库存管理等方面的一系列数字化变革。这时，我们需要的是 DT 时代的 ERP。DT 时代的 ERP 不是对传统 ERP 的简单改造，而是要以数字化的逻辑和思维将其打碎、重组。这是我们在 DT 时代面临的严峻挑战和重大机遇。

很多人将零售业数字化转型等同于上线到家业务，这种理解显然是非常肤浅的。当零售企业进行数字化转型时，如果使用的还是传统 ERP，只是在其上嫁接了一套电商系统，二者无法默契配合，就好比一只灵活的手臂被沉重的身体所拖累，最终会导致企业经营的"半身不遂"，无论如何嫁接、修补，都算不上是经过解构、重构的高效系统。

此外，传统 ERP 的优势在于记录和传输数据，而 DT 时代 ERP 的优势是能使数据发挥更大的价值，即让数据智能驱动业务发展；传统 ERP 更关注门店的销售业绩，而 DT 时代的 ERP 能将经验复用型工作从门店剥离，通过沉淀可复用能力加强总部对门店的赋能与指导，避免门店管理水平参差不齐，减少对店长管理经验的依赖，通过优化过程大幅度地降低门店的人力成本，提升门店的经营效率。

当然，将实体零售企业以数字化的逻辑和思维打碎、重组，可有如下几种方案。

- 第一种方案：在原有老的 IT 系统上升级。部分传统 ERP 供应商虽然宣称其系统已进行了数字化改造升级，但总体来说，这种修修补补的改造非常困难，由于"历史包袱"和系统架构等多方面的原因，不仅改造难度很大，而且局部的、肤浅的数字化无法从根本上解决 DT 时代零售业全渠道一体化的需求。

- 第二种方案：选择自研道路。这条道路的投入巨大，失败风险较高。由于我国实体零售业的区域性和微利性特点，很多实体零售企业的规模和利润有限，若单独开发一套数字化系统，则需要 1000 名甚至 2000 名工程师，苦干 5 年甚至 10 年才能完成，技术研发、系统维护成本过高。在零售业既缺乏相关的数字化人才，又难以承受等待时间窗口的情况下，这条道路显然是极其艰难的。

- 第三种方案：与专业的 SaaS 服务商合作，共享一个中立的数字化平台。共享是商业数字化的主旋律。作为云计算的一种，SaaS 必然也具有共享经济属性，商业 SaaS 就是 DT 时代的 ERP。更重要的是，它对原有流程进行了彻底改造、升级，使原有在传统 ERP 时代技术支持下无法简化的流程得到了彻底的简化、优化，能够更好地实现技术的高度复用，充分发挥技术的边际成本优势，实现成本共享，真正满足 DT 时代靠数据驱动、以任务为核心、对组织解构和重构的需求。由此可见，DT 时代的 SaaS 替代 IT 时代的 ERP 是必然趋势。

多点 DMALL 的数字化之道

多点 DMALL 的创立，正是希望创造开放、中立、先进的商业 SaaS 助力零售业进行数字化转型。经过 7 年多的探索，多点 DMALL 逐渐形成一套关于零售业数字化转型的方法论，并据此打磨出了零售数字化产品——DMALL OS。目前，DMALL OS 在国内外众多零售企业实现了落地，取得了良好效果。

数字化的思考

数字化的本质：简化、优化、一体化

- 简化就是利用数字化方法减少环节，降低难度，让事情更简单、更容易，过去完成一件事可能需要十步，现在可能只需要五步就够了。
- 优化就是利用数字化的方法来提高效率，降低成本，提升体验。在没有数字化时，有些事可能根本做不成或做不好，现在有了数字化，这些事就能真正做成、做好。
- 一体化在广义上是指实体经济与数字化技术相辅相成，对于零售业而言，是指线上线下一体化，包括用户的线上线下一体化、商品的线上线下一体化、供应链的线上线下一体化、促销和价格的线上线下一体化、运营的线上线下一体化、支付的线上线下一体化，从而达到全面数字化与彻底回归商业本质的辩证统一。

数字化的实现方法：解构、重构

数字化绝不仅仅是一种工作方法、一种核心技术，更是一种思维模式。为了能够真正实现简化、优化、一体化，就必须运用数字化的理论、技术、方法，对零售业进行全面的解构、重构，这是数字化的根本方法。解构，即有逻辑地"拆"，之后按照数字化的思想重构，即重新"搭起来"。"搭起来"并不是重复过去的流程，一定不要用新的系统去适配旧有的业务流程，而是通过对业务层面、企业组织、企业运营流程甚至企业经营模式等多方面进行解构、重构，构建出一个新的、以数字化为基础的、能将多种元素重新组合的企业。

数字化转型的成功保障：思想闭环、流程闭环、行动闭环、结果闭环

在对零售业进行解构、重构的过程中，要时刻追求闭环思维，这是确保数字化能够成功落地的重要保障。每个细节都要形成闭环，即思想闭环→流程闭环→行动闭环→结果闭环，并落实到行动中，形成一个个具体的流程、具体的 OKR（目标与关键成果法）指标、具体的成果，从而真正解决当前零售企业所面临的问题。

数字化的做事逻辑：数据驱动、任务到人、逐级解决、实时响应

在数字化解构、重构的背景下，需要遵循数据驱动、任务到人、逐级解决、实时响应的做事逻辑，即通过数字化进行智能决策，将工作与员工关联，任务直达执行者，在任务执行出现问题时才会升级反馈给管理者。

从经验决策到数据决策、从人找事到事找人、从由上至下到由下至上，其本质是用工模式的改变，即以任务为导向的用工模式，按照工作量计酬，真正做到按劳分配，极大地提高了工作效率，解决了零售业普遍存在的店铺端磨工问题。

数字化的结果：人人在线、事事在线、物物在线

数字化的结果是人人在线、事事在线、物物在线，即实现各要素全面在线化，最终形成全场景覆盖、全渠道经营、全链条联通、线上线下一体化的经营模式，推动实体零售企业数字化转型，解决物流效率、商品管理、成本控制等一系列痛点，最终构建模式最佳、流程最优、成本最低、效率最高、速度最快、体验最好的全新数字化商业生态。

数字化成果的检验标准

由于数字化的根本价值在于实打实、硬碰硬地提高企业效率，因此数字化成果的检验标准就是经营结果，即回归商业本质，考量数字化转型能否为零售企业带来业务的增长、运营效率的提升，以及能否为消费者带来真正的实惠和更好的服务，进而让零售企业在 DT 时代更好地生存、发展。

数字化的产品

7 年多来，多点 DMALL 躬身入局，将数字化思考与技术结合并融入零售业实践中，最终将思想蓝图凝结为数字化产品，建立了以数据驱动、线上线下一体化、强化总部任务到人为设计理念的数字化系统——DMALL OS，成为 DT 时代更能满足零售企业需求的商业 SaaS。

从 0 到 1 建立一整套服务于零售业的数字化系统，其过程必定不是一蹴而就的，并且单纯以技术为切入点进行研发的难度非常高。在充分考虑零售业的特点后，多点 DMALL 选择与具体业务场景结合，采用模块化的方式逐步迭代，将门店、商品、会员、营销、供应链、财务等系统利用新技术和新流程进行解构、重构，通过对行业最佳实践经验的积累和沉淀，最终形成完整的解决方案。在这个打磨过程中需要一片规模较大，业态种类丰富的商业"试验田"，在实战中对数字化系统的有效性进行验证。

物美正是多点 DMALL 打磨和验证数字化系统的理想"试验田"。

基于实体零售的特点，我在 2015 年第一个提出分布式电商理念和模式。作为国内首个开启零售业数字化探索的公司，多点 DMALL 依托分布式电商理念在物美打造了店仓一体化模式，后被证实是最适合传统超市的电商解决方案。就这样，多点 DMALL 以电商业务为切入点，复用物美供应链、门店等原有资源，推动了库存、商品和促销的线上线下一体化。

与此同时，瞄准门店收银效率低的痛点，多点 DMALL 以智能物联为基础，在物美发起了"银线革命"，实现了会员的线上线下一体化，继而反推到会员运营、门店和员工经营端，倒逼至商品选品、陈列、补货及生产端，并蔓延到整个供应链和流通产业的上下游，最终打磨出全渠道、一体化、端到端的数字化解决方案——DMALL OS。

DMALL OS 包含 19 大系统、800 个子系统，聚焦零售业的商品管理、供应链管理、线上线下一体化运营、全渠道会员、全渠道营销共 5 大业务场景，覆盖零售业的全价值链环节，能实现所有环节的数据分析与各环节之间的数据贯通，同时可做到存量优化和增量价值，助力零售企业提高效率，改善用户体验。

从安全角度来看，DMALL OS 以云原生、单元化、多租户、异地容灾为核心架构，以主机安全、网络安全、数据安全、系统及管理安全为基础，设有专业的技术团队防范网络安全风险，防止数据泄露，完全可以满足零售企业安全运营的需求。

基于 SaaS 模式的特性，DMALL OS 在技术上具有极高的灵活性，包括系统的灵活性，业务的灵活性，部署方式的灵活性等。零售企业不仅可以使用 DMALL OS 的全套服务，也可以仅使用其底层系统和中台，还可以单独上线 DMALL OS 的电商模块，同时能够在 SaaS 部署、门店/采销单元化私有部署、私有化部署三种方式中自由选择。

DMALL OS 作为商业 SaaS，强调业务与技术的结合，具有"行业 Know How（技术诀窍）沉淀+前沿科技融合"的优势，将行业最佳实践融入系统，在持续迭代的过程中，融百家之长，经过不断打磨和锤炼，最终变得越来越强大。

总之，作为 DT 时代线上线下一体化的 ERP，DMALL OS 对流通产业进行彻底的解构、重构，实现零售业的全面数字化，让从业者的工作变得简单高效，同时能够通过多点 APP 等工具，赋能全渠道经营能力，提供各类增值服务，更好地满足用户需求。

数字化的成果

2020 年 8 月，物美集团完成了整体业务系统的切换，即由 SAP 切换为 DMALL OS。这次成功的切换及后续显现的效果，对物美、多点 DMALL 及我国零售业都具有里程碑式的意义，不仅意味着 DMALL OS 的有效性经过了大规模、多业态经营实战的验证，还意味着 DMALL OS 已经准备好从物美这片"试验田"走向更广阔的市场，让更多实体零售企业共享多点 DMALL 数字化的智慧成果。

依托这套经过验证的商业 SaaS，多点 DMALL 建立起互联、开放、包容、共赢、中立的零售云平台，通过共享数字化系统助力实体零售企业进行数字化转型。

截至目前，DMALL OS 已经为广东 7-Eleven、麦德龙中国、中百仓储、重庆百货、新华百货等 130 多家区域龙头零售企业提供了数字化服务，覆盖 5 个国家和地区。

自 2020 年开始，新冠疫情肆虐全球，强有力的数字化系统成为零售企业服务消费者、努力实现逆势增长的利器。不仅物美在"面对生命，唯有良心"的核心价值观及数字化技术的加持下，取得了抗疫保供的胜利，DMALL OS 还助力中百仓储、新华百货、夏商集团、新乐、麦德龙中国等伙伴在多地的抗疫保供战中挺身而出，勇担民生企业义不容辞的社会责任。

在数字化时代，由于消费者对商品和服务需求的变化非常快，商品从新品上市到市场成熟的周期不断缩短，因此品牌商希望通过数字化技术更直接地掌握线上线下全渠道消费者的需求。例如，DMALL OS 帮助锅圈食汇、元气森林等品牌商打通全渠道的线上线下数据，使其能够看到商品生命周期、用户购物频次、复购率等更多数据，帮助品牌商更好地了解线下场景，指导品牌商针对不同门店、业态、渠道进行铺货，以及开展新品的研发和测试。

DMALL OS 不仅能够服务于传统零售企业，而且已经深入新型零售业态，开始服务于数字原生企业。例如，硬折扣店奥特乐计划在非常短的时间内新开多家门店，若自行采购设备、构建 IT 系统及组建运维团队，将极大制约开店的速度。DMALL OS 作为数字化时代的"水电煤"，拥有即插即用的特性，最终奥特乐决定将其商品进销存、门店管理、线上销售、供应商管理均以 DMALL OS 为基础，不做定制化开发，在短时间内成功开出了 20 多家门店。

作为我国商业 SaaS 的代表，DMALL OS 在海外市场也同样具备非常独特和先进的发展模式，市场空间广阔。

- 2020 年，多点 DMALL 开启国际化之路，将全渠道模式和数字化技术输出至柬埔寨和新加坡的零售企业。
- 2021 年 8 月，多点 DMALL 与德国麦德龙集团达成国际战略合作意向，共同探索欧洲市场的数字化合作空间，首先聚焦于向小型零售商，尤其是麦德龙集团在东欧地区特许经营便利店提供数字化零售解决方案的可行性。
- 2022 年 6 月，DMALL OS 在波兰的零售企业成功上线，正式开启在欧洲的业务试点。多点 DMALL 的国际化水平得到进一步提升。

广阔前景与伟大梦想

随着数字经济浪潮席卷全球，数字经济的发展对所有人都将是一次重要机遇。数字化不仅使企业的决策更高效、运营更智能，还能使经济效益得到更大幅、更广泛的提升，特别是传统企业，完全有机会通过数字化的解构、重构，进入一个全新的发展阶段，抓住数字化时代的机遇，并享受其红利。

从国内环境来看，2022 年，在数字中国战略的指导下，数字经济受重视程度前所未有，推动实体经济与数字经济深度融合成为政策的指引方向。零售业进行数字化转型不仅是大势所趋，也是行业共识。

我国零售市场广阔且发展迅速，仅用 20 年的时间就走完了国外一个世纪的历程，成为仅次于美国的全球第二大零售消费市场，并逐年缩小与美国的差距。

随着我国线上零售市场的不断演变和创新，各类社交电商、短视频电商和直播电商相继出现，并于 2013 年超越美国成为全球最大的网络零售市场。

我国线下零售市场也在持续创新，店仓一体、社区团购等新模式层出不穷，会员店、折扣店、DTC 等新业态百花齐放。在线上线下全面融合的全渠道时代，实体零售企业正在加快数字化转型步伐，对数字化的需求越来越强烈。

不管参照发达国家的行业经验，还是基于区域型中小零售企业的自身优势，在当前市场集中度很低的情况下，我国区域型中小零售企业还有很大的发展潜力。在未来相当长的一段时间内，区域型中小零售企业仍是我国零售市场最广泛的主体，SaaS 按需付费的模式更加符合其需求。同时，数字原生企业的快速发展需要依赖成熟的第三方数字化平台，这也是一个巨大的市场。因此，市场对先进的第三方 SaaS 的需求不仅将长期存在，而且前景广阔。

从全球市场来看，消费互联网红利殆尽，产业互联网的数字化转型是共性趋势。整体来说，国外实体零售企业的数字化探索起步较晚，在成熟度上与我国存在代际差，又拥有较高的付费能力和付费意愿。

作为国内领先的第三方数字零售服务商，多点 DMALL 对零售业数字化的探索已经走在了世界前列。2019 年，在国际消费品论坛（CGF）上，我曾与多家零售企业巨头的 CEO 和高管共同交流、探讨零售业数字化的议题。沃尔玛、麦德龙、宝洁、可口可乐等企业高层纷纷对多点 DMALL 的数字化理念表示认可，并惊讶 DMALL OS 的先进性，同时表达了希望开展合作的意向。

SaaS 模式在美国市场率先成熟发展，并经过了市场验证，意味着同样是

SaaS 模式的 DMALL OS 出海教育成本相对较低，市场接受度较高。

零售企业为民生而存在，承担着满足人们对美好生活向往的伟大使命。作为零售从业者，我们最大的心愿莫过于为千家万户的幸福出力，哪怕只有一点点！

无论何时，零售业都要具备满足人们生活需求的能力。因此，零售业能否跟上数字化时代的步伐，影响深远，关乎国计民生。

多点 DMALL 对于零售业数字化事业的信心，归根结底源于选对了大方向——人类是要全面数字化的。数字化是一个长期过程，不但我们这代人要一辈子经历这一进程，即使是"00 后"也会始终生活在全面数字化的进程中。今天，多点 DMALL 所做的虽然不少，但也只是迈出了万里长征的第一步，是整个数字化历史进程的 1%。今后，我们将会一如既往地秉持开放中立的原则，持续赋能零售业，以数字化的理论、技术和方法，解构、重构零售业，助力流通产业的数字化转型，为实现富国强民的伟大梦想贡献绵薄之力。

◇ 目　　录 ◇

第一章 零售业数字化转型与产业图谱

Retail Digital Transformation and Industry Map

1

Chapter

第一节　中国数字经济发展

数字经济是继农业经济、工业经济之后的主要经济形态，是以数据资源为关键要素，以现代信息网络为主要载体，以信息通信技术融合应用、全要素数字化转型为重要推动力，促进公平与效率更加统一的新经济形态。数字经济发展速度之快、辐射范围之广、影响程度之深前所未有，正推动生产方式、生活方式和治理方式深刻变革，成为重组全球要素资源、重塑全球经济结构、改变全球竞争格局的关键力量。

中国信通院《全球数字经济白皮书（2021）》显示，2020年，中国数字经济以5.4万亿美元的规模继续位居世界第二，同比增长9.6%，增速全球第一，占全国GDP近4成；美国数字经济蝉联世界第一，达13.6万亿美元；德国、英国的数字经济也在国民经济中占据主导地位，占GDP的比重超过60%。

2021年以来，党中央、国务院高度重视数字经济和数字化转型发展，做出了一系列重要决策部署。

2021年6月，中国国家统计局发布《数字经济及其核心产业统计分类（2021）》。这是我国加快发展数字经济的里程碑。它的出台为我国数字经济核算提供了统一可比的统计标准、口径和范围。

2021年10月，十九届五中全会审议通过《中共中央关于制定国民经济和社会发展第十四个五年规划和二〇三五年远景目标的建议》，明确指出，"加快数字化发展，发展数字经济，推进数字产业化和产业数字化，推动数字经济和实体经济深度融合，打造具有国际竞争力的数字产业集群，加强数字社会、数字政府建设，提升公共服务、社会治理等数字化智能化水平。"

2022 年 1 月 12 日，国务院正式发布首部系统谋划我国数字经济发展的国家级专项规划——《"十四五"数字经济发展规划》（以下简称《规划》）。《规划》指出，"十四五"时期，我国数字经济转向深化应用、规范发展、普惠共享的新阶段。到 2025 年，数字经济核心产业增加值要占 GDP 的 10%。

2022 年 1 月 16 日，《求是》杂志发表习近平总书记的重要文章《不断做强做优做大我国数字经济》。文章强调，发展数字经济意义重大，是把握新一轮科技革命和产业变革新机遇的战略选择。面向未来，要充分发挥海量数据和丰富应用场景优势，促进数字技术和实体经济深度融合，赋能传统产业转型升级，催生新产业、新业态、新模式。

2022 年 3 月 5 日，政府工作报告中提出，促进数字经济发展，加强数字中国建设整体布局，完善数字经济治理，培育数据要素市场，释放数据要素潜力，提高应用能力，更好赋能经济发展，丰富人民生活。

2022 年，数字经济重视程度前所未有，发展格局全面扩展，深化数字化应用成为大势所趋。

在数字经济大潮中，数字化转型已不是企业的"选择题"，而是关乎企业生存和长远发展的"必修课"。数字经济在企业数字化转型中发挥着愈加重要的驱动作用。

数字化转型是在业务数据化后利用人工智能、大数据、云计算、区块链、5G 等新一代信息技术，通过数据整合，对组织、业务、市场、产品开发、供应链、制造等经济要素进行全方位变革，实现提升效率、控制风险，提升产品和服务的竞争力，形成物理世界和数字世界并存的局面。

宝洁公司前副总裁托尼·萨尔德哈在《数字化转型路线图：智能商业实操手册》一书中指出，"面对第四次工业革命，数字化转型是我们当下的目标。数字化转型是为应对第四次工业革命所带来的极具颠覆性的威胁所做的斗争。"

国家工业信息安全发展研究中心和埃森哲联合发布的《2021 年埃森哲中国企业数字转型指数》报告显示，疫情加速全行业数字化进程，在 9 个行业中，传统物流和零售业在 2021 年跻身数字化成熟度第一梯队。面对疫情考验，物流与零售业依托数字化能力双双实现自我重塑，2021 年上半年商品零售规模达 19 万亿元人民币，同比增长 20.6%；全国社会物流总额超 150.9 万亿元人民币，同比增长 15.7%。

疫情带来的消费者需求和习惯的变化、消费方式和购买渠道的转变，都深刻影响着零售业。数字化能力成为传统零售业在压力之下的"破局之道"。

第二节 中国零售业数字化发展历程

最近十几年，互联网、移动互联网、大数据、社交网络、人工智能等新技术层出不穷，信息流、资金流和物流的整合方式日新月异，在为零售业带来巨大挑战的同时，也带来了无限机遇。零售市场的发展变化，反映出我国经济在高速成长过程中，流通环节乃至销售终端对整个经济的影响正在不断加大。

中国零售业演进历程

2006—2014 年

2006 年，我国电子商务市场保持了高速增长势头。2007 年，赛迪顾问公司发布的《2006—2007 年中国电子商务市场研究年度报告》显示，截至 2006 年底，我国电子商务市场共实现交易 1.1 万亿元人民币，其中 B2B 居于绝对主导地位。

2006—2014 年，各种电商创新模式似浪潮般不断涌现，继 B2B、B2C、C2C 之后，团购、O2O、跨境电商等相继兴起。网络零售市场呈现爆发式增长，快速融入人们的生活。

2013 年，我国网络零售市场交易规模达 1.85 万亿元人民币，超过美国成为世界第一大网络零售市场。此后连续 9 年，我国继续保持着全球最大网络零售市场的地位。线下实体零售，特别是大卖场等商超业态，遭受网络零售持续且巨大的冲击，纷纷开始自救。

2013 年，大润发投资的自营 B2C 电商网站——飞牛网成立，并于 2014 年 1 月正式营业，旨在冲击电商第一梯队。

到了被称为 O2O 元年的 2014 年，用户在线上平台预先支付、线下消费体验的商业逻辑基本清晰，O2O 充分利用互联网的海量消息和无边界性，挖掘线下资源，缩短消费者的决策时间，满足了消费者降低购物成本的需求。伴随着移动互联网的迅猛发展，移动支付的逐渐成熟，O2O 被各界赋予了更多的想象空间。

刚上线没多久的飞牛网也投入转型大军，于 2014 年 6 月上线 O2O 服务。即便是实体零售巨头，想要追赶互联网的脚步也略显慌张，更遑论规模、资金、技术等略逊一筹的中小型实体零售企业。

同样在 2014 年，物美集团创始人张文中对如何应对眼前巨大挑战与机遇的思考也有了结论。他意识到："数字化时代已经来临，必须积极拥抱互联网。而相较于零售企业自建系统面临的巨大研发资金投入、既懂行业又懂技术的人才缺乏以及失败风险，能够提供端到端一站式解决方案、拥有强大技术团队与持续技术投入、拥有经实体门店验证有效的丰富经验、能够持续助力零售企业的专业第三方系统服务商，将成为零售企业完成数字化转型的最佳选择。"

2015 年

2015 年政府工作报告首次提出："制定'互联网+'行动计划，推动移动互联网、云计算、大数据、物联网等与现代制造业结合，促进电子商务、工业互联网和互联网金融健康发展，引导互联网企业拓展国际市场"。

2015 年，由张文中创立的第三方数字零售服务商多点 DMALL 应运而生。2015 年 4 月 1 日，多点 APP 正式上线，首创"分布式电商"理念和模式，以 O2O 生鲜电商为切入点，助力实体零售实现在全面数字化基础上的线上线下一体化，服务用户到店到家一体化全场景购物，让实体零售向"数字零售"进发。

2015 年 4 月 1 日，多点 DMALL 成立即获 1 亿美元天使轮融资，成为国内首个开启数字零售探索的公司，并在全球互联网经济大会上提出零售业态新实践——DMALL+X（实体零售企业），同时提出与实体零售企业合作伙伴共同打造多点联盟。

2015 年 4 月 15 日，"京东到家"平台正式上线，为消费者提供 2 小时内快速送达的全新 O2O 服务，打造生活服务一体化平台，也开启了探索 O2O 即时零售的征程。

同年 8 月，京东 43 亿元人民币入股永辉，宣布达成战略合作。几乎同一时间，阿里巴巴投资苏宁，尝试打通线上线下，全面提升效率。

实体零售企业也动作频频：华润的 e 万家在线购物平台正式上线，作为其电商转型的重要战略；沃尔玛在推出大卖场 O2O 服务平台"速购"后，又全资控股 1 号店，计划加速电商业务的发展，希望为线上、移动端和实体店的顾客创造无缝连接的购物体验。

2016 年 10 月，在阿里巴巴杭州云栖大会上，"新零售"的概念被第一次提出。新零售被解读为围绕"人货场"进行重构。

随后，腾讯"入场"提出"智慧零售"。马化腾提出，过去大家认为新经济和传统经济是冲突和互斥的，不过现在大家逐渐认识到，它们其实是互补的，是可以互相深度融合的。

无论"新零售"，还是"智慧零售"，最终落点都是"数据赋能"，都是为企业提供一套数字化解决方案。因此，我们不妨将 2015 年，看作"数字零售"发展的起点。

在此次零售变革中，谁能够真正以数字化提升企业效率，改善用户体验，无疑将会从这一浪潮中脱颖而出。

2016 年

2016 年，线上企业开始走到线下，除投资控股外，还亲自下场开店；线下企业也争相登陆线上，零售开始全渠道发展，因为用户并不区分线上和线下，用户需要的是整合体验。

2016 年，到家场景作为全渠道发展背景下的关键一环，火爆行业。艾瑞咨询数据显示，2016 年中国电子商务市场交易规模达 20.2 万亿元人民币，增长 23.6%。其中，网络购物增长 23.9%，本地生活 O2O 增长 28.2%，成为推动电子商务市场发展的重要力量。而与之相对应的，则是实体零售线下增长乏力，反攻线上迫在眉睫。

国务院办公厅于 2016 年 11 月 11 日印发《关于推动实体零售创新转型的意见》，对推动实体零售 "由销售商品向引导生产和创新生活方式转变，由粗放式发展向注重质量效益转变，由分散独立的竞争主体向融合协同新生态转变" 的三大转变做出部署，提出 5 大类 16 项推动实体零售企业转型升级的具体措施，释放发展活力。这是少有的单独针对实体零售业的政策文件，在当前零售业处于供给过剩、成本攀升的困局中，政府出台针对实体零售业的指导意见，为实体零售企业 "进一步降低流通成本、提高流通效率" 指明了转型变革的方向。

2016 年，DMALL OS 数字零售操作系统中的全渠道履约中台上线，助力北京物美店内拣货效率提升 10 倍，在订单 10 倍增长的同时，双十一 1 小时内妥投及时率高达 94.49%，双十二拣货及时率达 99.42%，店仓一体化模式见效发力。多点 DMALL 对零售业数字化的改造，从营销渠道等前台应用，向中台、后台延伸。

被视为阿里巴巴新零售样本的盒马鲜生首店在 2016 年 1 月开业。阿里巴巴提出："纯电商时代已经过去，未来十年只有新零售，线上线下和物流必须结合在一起，零售业从原来的 B2C 制造模式，会彻底走向 C2B 的改造，实现按需定制，以及供给侧的改革"。

2016 年，京东成立智能供应链 Y 业务部，旨在让技术更明确、更深入地介入供应链领域，以提升周转效率，并在 2020 年前后强调全渠道战略。

2017 年

2017 年，零售业数字化成为行业最热议的话题，而前路究竟如何，大家都还在摸着石头，试点、探索。

继阿里系的盒马之后，京东、永辉等互联网和传统零售企业也一头扎进了新零售领域，在生鲜赛道排兵布阵。

京东提出"无界零售",以技术引爆第四次零售革命为目标,设立 X 事业部,探索无人机、无人车、无人仓和无人超市四个方向。

永辉创办了主攻生鲜新零售的"永辉云创"业务板块,并先后推出了永辉生活、超级物种和永辉到家等业务。其中,超级物种对标盒马,于 2017 年在福州开出首店,当年实现门店数量扩张到 26 家的目标。2017 年 12 月,永辉接受腾讯入股,同时增资永辉云创。

阿里巴巴在 2017 年 2 月与百联集团达成战略合作,在上海试点新零售,基于大数据和互联网技术,进行全渠道、全业态融合创新,为消费者提供随时随地多场景的新消费体验。之后成为联华超市第二大股东,并以 224 亿港币入股高鑫零售,达成战略合作。

此时,多点 DMALL 已完成了对物美的"零售+餐饮"、智能银线等模式的改造,并走出物美"试验田",在 2017 年与湖北最大商超中百集团达成战略合作,助力其数字化转型。两三年之后,突如其来的全球疫情暴发,在数字化加持下,中百集团打赢了疫情保供战。

2018 年

2018 年,线下零售商超加速联姻互联网,与阿里、腾讯、京东、多点 DMALL 等展开合作,旨在借助数字化力量加速线上线下融合:三江购物、百联集团、联华超市、高鑫零售等站队"阿里系";永辉、家乐福、华润万家、沃尔玛等加入"京腾系";多点 DMALL 面向更多实体零售开始全面推广布局。

在完成物美首家门店的系统切换上线后,DMALL OS 成熟模块开启市场推广,合作伙伴迅速发展到 40 余家:中百集团、麦德龙、重庆百货、新华百货、嘉荣等,多点 DMALL 的服务版图占据了中国连锁百强的半壁江山。

虽然盒马、超级物种、京东 7FRESH、苏宁极物、小象生鲜等均有多家新店布局,但数量却与年初各品牌几百上千家门店的拓展计划差距甚大,新零售模式受到考验。2018 年 12 月,永辉剥离永辉云创。有分析认为,是因新零售业务板块业绩亏损,拖累上市公司整体业绩大幅下滑所致。

2018 年还被定义为社交电商元年，异军突起的拼多多、发展势头强劲的微商，都让社交电商的发展有目共睹。与此同时，社区团购企业备受资本市场关注，公开的融资事件就达 23 起，披露融资金额超过 16 亿元人民币。众多零售企业开始重视利用微信等社交平台布局社区团购业务。

同年，淘宝直播在 2018 年月增速达 350%，全年拉动的 GMV（电商商品交易总额）破 1000 亿元人民币，进店转化率超 65%。

2019 年

2019 年被定义为电商直播元年。直播几年积累的流量在双十一爆发。淘宝直播首次成为双十一的主流消费方式，仅开场 1 小时 3 分钟，由淘宝直播引导的成交额已超越去年同期全天。京东、拼多多、小红书等相继进军直播电商，抖音、快手等视频直播平台，更是直播电商的重要战场。

与此同时，苏宁收购万达百货和家乐福中国，在推进全场景零售战略布局的同时，也在发力直播电商，实现流量环比增长超 700%，场次环比增长 72%，GMV 实现 20 倍以上的增长。

我国零售模式的变革、迭代如此之快，让不少外资零售品牌跟不上节奏。2019 年 10 月，麦德龙与物美达成战略合作，并选择多点 DMALL 成为技术合作伙伴。结合多点 DMALL 的数字技术，物美和麦德龙融合各自在零售、批发领域的优势，发展线上线下一体化布局，借助规模优势、数字化供应链等，进一步提升食品安全标准。

这一年，私域流量也成为年度热点话题之一。渠道越多，流量竞争越激烈，商家对自主拥有的、可以自由控制的、免费的、多次利用的流量就越重视。整合管理全渠道、搭建私域流量的数字化体系，也随之成为更多商家的迫切需求。

在社交电商、社区团购、直播电商、短视频电商等风口层出不穷、风起云涌的过程中，有关线上线下、新旧零售的争论慢慢也归于统一，融合成为基本认知，数字化逐步成为基础设施。艾瑞咨询报告显示，我国数字中台市场增长势头明显，在 2019—2022 年间保持 72.1% 的年均复合增长率。数字化基础设施在不断迭代升级中，帮助实体零售迎上风口，应对突如其来的疫情。

2020 年

春节前后，疫情进一步扩散，全国各地的零售企业纷纷投身抗疫保供一线。数字化在疫情中增加了实体零售企业的风险抵御力、保供响应力。

中百集团和多点 DMALL 合作，火速增援火神山、雷神山医院建设，仅用半天时间就调试好无人超市的无接触收银设备，并积极推广"无接触购物模式"，创新"线上下单+线下自提""对接社区、集中配送"的服务方式，实现顾客在线自由选购、自助结账的新模式。

新业态、新模式在疫情期间极大地活跃了经济发展。2020 年，我国 GDP 为 91.12 万亿元人民币，较 2019 年增加 2.09 万亿元人民币，增长 2.3%，成为全球唯一实现经济正增长的主要经济体。

2015—2020 年，实物商品网上零售额占社会消费品零售总额的比例从 10.7% 上升到 24.9%，占比增加 1 倍多，零售额增加 2 倍。

疫情进一步加速了零售业的数字化进程。直播潮涌，团购潮落，唯有数字化是基石，任潮起潮落，都如磐石一般，为实体零售的逆势增长打下根基。

2021 年

在疫情等多重因素影响下，线下零售、团购、直播等平台进一步洗牌，倒闭、并购、关停消息不断。

2021 年，社区零售数字化浪潮爆发。6 月，每日优鲜在纳斯达克挂牌上市，成为"社区零售数字化第一股"。随后，叮咚买菜正式在纽交所上市，以发行价计算，叮咚买菜的市值超过 50 亿美元。

"会员店"也成了 2021 年度热点：麦德龙宣布全面布局会员店；山姆、家乐福、盒马、家家悦、北京华联、FUDI 也纷纷加码会员店战略。

危与机如同一对双生子，当 O2O、线上线下加速融合时，嗅觉灵敏的资本也在不断投入。网经社电子商务研究中心发布《2021年中国数字零售投融资数据报告》显示，2021年我国数字零售领域共发生179起融资，总金额超706.4亿元人民币。

多点DMALL在进一步加深国内布局的同时，也将业务版图扩至国际。截至2021年底，多点DMALL的"零售云"陆续在柬埔寨、新加坡等地上线，并与德国麦德龙集团达成国际战略合作意向，国际化业务进一步加速。

零售业未来的发展方向显然是数字化，即便通向全面数字化的道路是曲折的，但在政策环境、技术创新、用户变迁与消费升级的驱动下，数字零售必将迎来快速发展。

中国零售业 IT 架构演进历程

波士顿咨询Platinion董事总经理陈果总结了我国零售业IT架构演进历程，将我国零售业从20世纪90年代中后期至今，划分为古生代模式、中生代模式、电商多渠道模式、全渠道模式、智慧零售模式等几个阶段。

- 古生代模式：在2005年前，ERP+POS+WMS是传统零售系统框架的标配（ERP——企业资源计划，POS——销售点系统，WMS——仓库管理系统）。

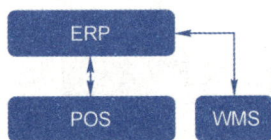

古生代模式

- 中生代模式：2005—2010年，零售业开始越来越关注消费者运营，会员和零售数据分析受到青睐。在ERP+POS+WMS之外，新增CRM、RDW、M&SC（CRM——客户关系管理，RDW——零售数据仓库，M&SC——商品供应链）。

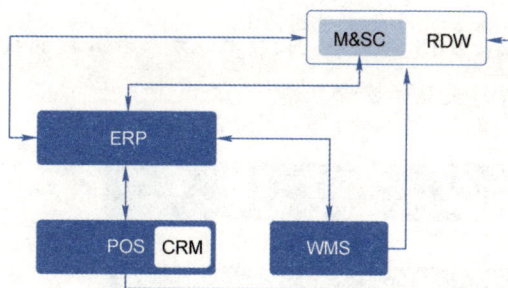

中生代模式

- 电商多渠道模式：2010—2013 年，零售企业采用线上线下多渠道运营，电商系统和门店系统平行。在中生代模式的基础上增加 e-Commerce、电商仓及 TMS（运输管理系统）。

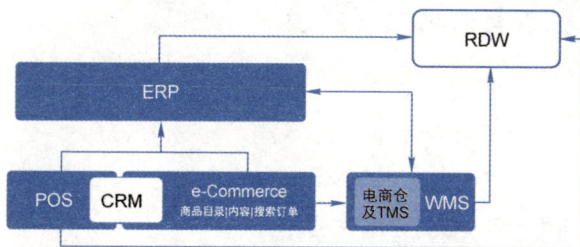

电商多渠道模式

- 全渠道模式：2014—2018 年，零售业的 IT 架构继续进化，出现了全渠道中台系统，并利用中台系统进行从多渠道到全渠道的转变。

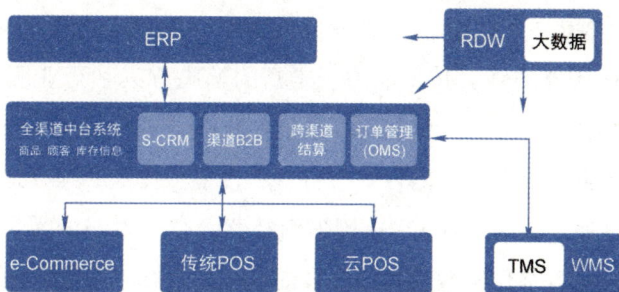

全渠售模式

● 智慧零售模式：2018 年至今，云技术的发展和开放的技术框架，让零售业的数字化变得越来越丰富和复杂。

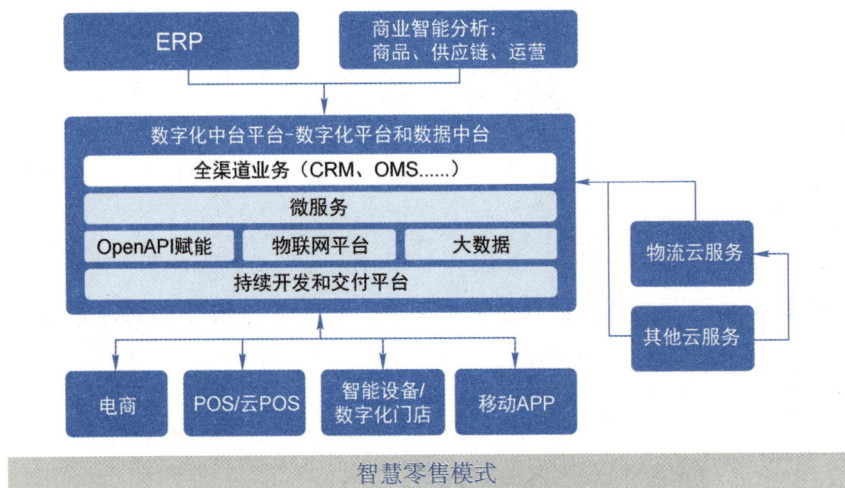

智慧零售模式

中国零售业数字化转型技术图谱

在零售业数字化转型的宏伟事业中，咨询公司、软件公司都参与进来，其中不乏 Google、微软、Adobe、IBM、Oracle、SAP、Salesforce 等软件巨头，麦肯锡、德勤等咨询公司，多点 DMALL、便利蜂等专注零售业的科技公司，以及关注 AI、AR/VR、大数据、机器视觉等多类型的初创公司。零售企业利用第三方技术合作伙伴的强大技术能力、丰富的解决方案和行业服务经验，加速推进数字化转型。

零售业的数字化转型涉及前台、中台、后台多种技术的综合运用，众多行业领军企业各显神通。根据 CCFA（中国连锁经营协会）发布的零售技术树，可以看到在中国零售业数字化转型过程中涉及前/中/后台共 12 大类技术。

	消费者	**营销沟通**	**门店经营**	**支付**
前台	会员体系 顾客黏性 深度、友好交互 顾客体验（可量化）	多点获客 精准营销	实体门店经营　虚拟门店经营 业态组合　能耗控制　渠道 场景设置　人工安排　硬件设备 商业美陈　门店缺货改善　软件设备 货架管理　移动应用　商品组合 结算	支付渠道 积分和单用途预付卡 银行卡 第三方支付类、预付卡 支付体系 移动支付　便捷对账 准确性　报表完整

	渠道建设	**商品选品**	**供应链**	**物流组织**
中台	选址与建店 业态（种）组合 电商平台的搭建与完善 线上、线下的打通与融合 商业联盟	品类规划 SKU设定 单品定价 促销定价 新品开发与商品淘汰	库存管理（WMS） 采购计划 商品采购计划　商品组合管理 销售预测　定价管理 订单技术 电子信息交换（EDI）	选址及路线规划 计费管理 作业自动化、智能化 机器人、传送带、语音拣选、 自动化流程、无人机 运输管理系统（TMS） 基础设施 托盘、货架、叉车、周转箱/篮、月台、 车辆商品顺码

	基础架构与组织变革	**财务管理（报表/凭证）**	**后台服务**	**数据服务**
后台	IT基础设施/体系 信息安全 组织再造 流程再造	核算管理 结算管理 资金管理 资产管理	OA 绩效管理 人资管理	报表完整 数字仓库 大数据 商业智能

CCFA 发布的零售技术树

第三节　全球零售业数字化实践

让我们再将视线转到全球市场。

零售巨头在过去的几十年间不断扩张，如同体重不断增加的中年人，在新的时代竞赛中，开始感到吃力。他们不约而同地来到数字化转型的"健身房"里，邀请"私人教练"，有针对性地开展减脂增肌训练。零售业的数字化转型在多个重要方面为行业带来了积极影响：消费者体验、企业敏捷性和数字供应链。我们可以从全球知名企业的数字化转型案例中获得一些灵感。

北美市场

2021 年是具有里程碑意义的一年，美国有超过 50% 的人口成为数字杂货消费者。Amazon Fresh（亚马逊旗下生鲜超市）宣称将在未来几年内在美国新开数十家实体门店。初创公司 Ultrafast 承诺 15 分钟内开启配送。Uber Eats 和 Gopuff 等公司也在扩大杂货配送服务的范围。从 2021—2025 年，美国数字杂货销售额预计将翻一番，新增 1210 亿美元。

沃尔玛

全球最大的零售企业沃尔玛，在数字化转型的竞赛中已经获得了实际优势。普通消费者对于多渠道个性化体验的期望，给沃尔玛提供了转型的强劲动力。其 CEO Doug McMillan 已将沃尔玛定义为一家科技公司。

数字化转型战略为其销售额带来了巨大的增长：2019 年，电子商务销售额增长 37%，超过亚马逊，成为美国数字杂货销售的"领头羊"；2021 年，占据美国 28.95% 的线上市场份额，又在美国开设了 2500 多个新的杂货提货点。

除了在美国拥有超过 5000 家门店的庞大零售网络，沃尔玛还宣布开设微型配送中心的计划，让所有类别向数字化迅速迈进。

亚马逊

作为美国零售前五名中唯一的数字原生零售企业，亚马逊占据美国 23.8% 的线上市场份额，尽管其拥有约 500 家 Whole Foods 门店和 18 家 Amazon Fresh 门店，但仍无法满足快速增长的 Click and Collect（线上下单、线下提货）需求。预计在 2023 年前，亚马逊的销售额仍将平稳增长。

其他巨头

克罗格（Kroger）、艾伯森（Albertsons）、塔吉特（Target）公司在疫情期间出现了显著增长，与其他传统零售企业相比具有巨大的竞争优势。

美国零售巨头数字杂货生态系统实践

零售企业	可提供店内提货的门店数量	消费者数字化服务	门店运营数字化服务	最后一公里：提货和送货机制	创新举措
沃尔玛	3450 家（截至 2020 年 4 月）	Walmart+会员计划，Walmart Pay，APP	自动杂货拣选机器人，本地履约中心	取货塔提货服务，智能储物柜提货服务，路边提货服务，无人机送货服务，自动驾驶送货车送货服务，家庭门廊箱收货服务	成立智能研究实验室，将 AI 技术应用到收银台
克罗格	2100 家（截至 2020 年 4 月）	智能购物车，会员 APP，EDGE 货架	自动化客户履约中心（CFC）	路边提货服务，送餐服务，自动驾驶送货车送货服务（技术提供商 Nuro）	采用 Edge 货架，将虚拟 AI 技术应用到收银台，成立数字智能公司子公司 84.51°
艾伯森	950 家（截至 2020 年 10 月）	虚拟助手，实时位置分享技术，Albertsons Pay	AI 技术、自助传送带技术、微型履约中心（MFC）	Drive Up & Go 开车自提服务，自动取货亭、遥控送货机器人送货服务	与 Microsoft Azure/Azure AI 开展合作

续表

零售企业	可提供店内提货的门店数量	消费者数字化服务	门店运营数字化服务	最后一公里：提货和送货机制	创新举措
塔吉特	1500 家（截至 2020 年 4 月）	电子钱包功能，Target APP，Cartwheel 折扣计划	门店履约中心	店内、路边、车边提货服务，通过 Shipt 公司送货上门服务	收购 AI 公司 ML 来识别适合推广的商品
亚马逊	487 家（截至 2020 年 10 月数据）	Amazon Prime 会员计划，无人门店，智能购物车	开设幕后店（Dark Stores）只处理线上订单	储物柜提货服务，路边提货服务，通过 Prime Now 送货服务，无人机送货服务，自动驾驶送货车送货服务	采用机器学习、IoT、传感器数据、计算机视觉、人工智能、Amazon GO 和无人收银技术

欧洲市场

此前，欧洲在数字经济领域的表现并不算亮眼。在第一波数字创新浪潮中，尤其在社交媒体、在线购物和智能手机等消费市场领域，欧洲国家落后于美国和亚洲国家等竞争对手。根据世界银行提供的数据，2019 年，欧洲经济总量约占世界经济总量的 15.77%。然而，欧洲数字企业总市值约占全球数字企业总市值的 4%。2018 年，在全球人工智能初创企业前 100 名中，只有 4 家来自欧洲。

但近年来，欧盟推出多项法案，加快数字化转型进程。欧盟委员会主席冯德莱恩强调，欧洲未来 10 年将打造"数字 10 年"。欧洲市场的数字化转型成为各大零售巨头的共识，大家争先恐后地在投资者面前发布各自的转型战略和增长计划。

施瓦茨集团

作为全球第三大零售企业，拥有折扣店 Lidl（在欧洲和美国拥有 11000 多家门店）和大型超市连锁店 Kaufland（在欧洲拥有 1400 多家门店）品牌的施瓦茨集团，通过收购科技企业来加快其数字化转型。

2020 年，施瓦茨集团收购了在线电商平台 real. de，并更名为 Kaufland. de，以增加其品牌在线上的影响力；收购软件公司 Camao IDC，加速其数字化发展。2021 年，施瓦茨集团收购以色列混合云虚拟安全创业公司 XM Cyber，以增强其数字产品的安全性，推动自身数字化转型。

家乐福集团

2021 年 11 月 9 日，法国超市运营商家乐福（Carrefour）发布《数字零售战略 2026》。其董事局主席兼 CEO Alexandre Bompard 表示，要将家乐福转型为数字零售公司，以数字作为运营和价值创造模式的核心，释放全渠道的潜力。

电子商务的加速发展、用数字技术改造传统零售运营等因素推动了家乐福开展更加深入的数字化变革。家乐福称其目标是到 2026 年将电商商品交易总额（GMV）扩大 2 倍，达到约 100 亿欧元（约合 116 亿美元）。

通过采用"以数据为中心，数字优先"的理念，家乐福将推动对传统业务流程的深刻变革，包括定价策略、商品分类策略、需求预测、物流、供应流及管理流程。这种数字化将有助于改善客户体验，实现更高的个性化，以及总部和门店的运营效率，力争到 2026 年实现数字销售为经常性营业收入额外贡献 6 亿欧元的目标。

Ahold Delhaize 集团（阿霍德德尔海兹集团）

无独有偶，荷兰 Ahold Delhaize 集团 CEO Frans Muller 在 2021 年投资者日当天表示，集团确定了四个优先事项：通过全渠道更深层次的数字关系为客户提供服务；加大投资发展全渠道能力；引领向健康和可持续的食品零售系统转型；利用该产品组合创建"更智能的本地客户旅程的终极生态系统"。预计 2023—2025 年，其在数字化和自动化方面的加大投入将带动销售额增加 100 亿欧元。

2019 年，Ahold Delhaize 集团在美国启动了供应链转型，重点是在建立全渠道网络并在关键地区增加新设施时恢复供应链。作为供应链目标的一部分，Ahold Delhaize 集团计划创建美国东海岸最大的供应链网络（之一）。这一计划将于 2024 年 4 月完工，综合自配送网络将由 26 个设施组成。

麦德龙集团

2022 年 1 月 26 日，麦德龙在资本市场日当天宣布启动 sCore 增长战略，制定 2030 年宏伟目标。未来几年，麦德龙的目标是加快增长步伐，最大化价值主张，并根据 2030 年的长期目标，扩大其作为食品批发商的领先地位，将销售额提高到 400 亿欧元以上。

2020 年，麦德龙与 Wipro 宣布达成一项重要的战略数字和 IT 合作协议，通过 Wipro 的技术和解决方案，推动麦德龙数字化转型。2021 年 8 月，麦德龙与多点 DMALL 达成国际战略合作意向，共同探索在欧洲市场进行数字化合作的模式，最先聚焦于向小型零售企业，尤其是向麦德龙在东欧地区特许经营便利店提供数字化零售解决方案的可行性。

亚太市场

国际管理咨询公司贝恩（Bain）公司发布最新报告《展望亚太地区零售业的未来：如何保持高速发展，焕发新活力》显示，疫情大大加快了全球零售业的数字化转型步伐，亚太地区凭借领先的数字化成熟度，不仅推动了全行业的发展，也为其他地区指明了数字化转型方向。当前，亚太地区对全球零售业增长的贡献高达四分之三。

贝恩公司全球合伙人、大中华区零售业务主席郑硕怀表示："零售业整体已经在向数字化创新和电商转型升级，中国和亚太其他市场跳过了欧美最艰难的发展阶段，一跃成为行业增长引擎和数字创新的领导者，疫情的来袭更是加快了这一转型步伐。"

7-Eleven

便利店巨头 7-Eleven 在全球 20 几个国家和地区，独立运营或特许运营数万家门店。随着智能手机等技术的兴起，零售企业感受到了为满足消费者不断变化的需求和期望的压力。得益于在 IT 方面的开发和投资方式，日本 7-Eleven（SEJ）长期以来一直处于领先地位。SEJ 的 IT 部门构建了 Seven Central——一个于 2020 年推出的实用数据使用新平台，以支持公司未来的 IT 战略和数字化转型计划。

在中国，广东 7-Eleven 于 1992 年从深圳 5 家店铺起步，现在已经发展到近 1500 家门店。广东 7-Eleven 开展全渠道数字化转型，近 1500 家门店及 3 个配送中心已全部上线多点 DMALL 的"零售云"，形成了从消费者、门店、供应链、加盟商、仓储物流到总部管理的全流程、全要素数字化。

Woolworths 集团（伍尔沃斯集团）

为了改善店内和在线客户体验，澳大利亚连锁超市 Woolworths 集团正与微软合作，利用云计算在实体和在线网络中提供更好的基础设施。

2021 年初，Woolworths 集团宣布计划在未来三年内投入超过 5000 万美元开展培训，以帮助其团队掌握未来零售业的新技能。培训的关键技术将是数据分析、机器学习和机器人技术，并计划进一步开展高级客户服务技能、团队领导力和敏捷工作方式方面的培训。

作为 2021 年资本支出的一部分，Woolworths 集团在数字项目上花费了 1.54 亿美元，在电子商务上花费了 1.32 亿美元，并打算进一步投资在线业务。与之相对的，2021 年的电子商务销售额为 35 亿美元，同比增长近 75%。由此可见，Woolworths 集团的数字化转型效果显著。

科尔斯集团（Coles 集团）

澳大利亚超市巨头 Coles 集团计划于 2022 年和 2023 年在数字平台上投入 25 亿美元，旨在整体提升在线购物体验、提供无缝的全渠道战略、提高客户满意度，并计划在全澳洲 400 家门店实施 90 分钟订单取货服务。

Coles 集团与微软合作，开发一款可丰富店内体验的应用程序"便捷购物助手"。通过"便捷购物助手",客户可以浏览食谱、检查产品的在售情况,甚至可以查明产品在特定商店中的确切位置。

通过这款应用程序,Coles 集团在 2018 年成功地将线上销售额提高了 25%,达到 8 亿美元。

除此以外,Coles 集团还与专门从事在线杂货零售的公司 Ocado 合作,以扩大在线产品的销售范围,并进一步推动智能履约流程自动化,提升效率。

DFI 零售集团

DFI 零售集团是一家泛亚零售企业,拥有的门店超过 10000 家,员工超过 230000 名。DFI 零售集团以 Giant(大卖场)、Cold Storage(超市)、7-Eleven(便利店)、Guardian(健康美容店)为核心品牌,同时在中国香港经营美心餐饮店、在中国台湾经营宜家家居、在印度尼西亚的部分地区经营商店,以及在中国澳门经营星巴克咖啡连锁店。

作为集团的重要战略之一,DFI 零售集团将 Mulesoft(API 平台)、Salesforce(CRM 公司)和 Tableau(数据软件公司)添加到数字化战略平台中,用于提升 2000 家实体店的客户体验,从而加速数字化转型。

目前,DFI 零售集团的数字化转型战略重点是提高项目交付速度,利用 API 技术进一步改进销售点(PoS)和电子商务系统,从而在线上和线下渠道之间创造协同效应。

物美集团

物美集团是中国知名的零售连锁企业,旗下拥有包括物美、麦德龙等多个品牌,在德勤发布的《2022 全球零售力量》报告中,位列全球零售 250 强中的第 158 位。

近年来,物美集团通过做强数字化技术、融合线上线下业务、努力提升消费体验、打造良好的购物环境,巩固了作为国内大型连锁超市的地位。通过培育多点 DMALL 这一全渠道零售平台,物美集团打开了线上业务渠道,理顺了线下业务管理模块，逐渐实现全场景覆盖、全渠道经营、全链条联通，推动传统实体零售企业数字化转型，解决了物流效率、货物管理、成本控制等一系列零售业痛点和难题。

作为批发零售业的领军企业，麦德龙于 1996 年在上海开设了中国的第一家现购自运批发商场。2020 年，麦德龙集团与物美集团达成战略合作，并携手技术合作伙伴多点 DMALL，加速推进麦德龙中国数字化转型。之前一直专注于对公业务的麦德龙，从 2021 年起转型到 C 端会员店，希望打造出"更适合新一代中产阶级家庭的会员店"。目前，麦德龙在全国 62 个城市拥有 102 家门店，付费会员已超过 220 万人。

便利蜂

便利蜂是便利店行业的一匹黑马。2017 年 2 月，便利蜂在北京中关村首开 5 家店，之后依靠系统、算法及资本的帮助快速"跑马圈地"，成立 3 年多就开出 2000 家直营门店，并在成立初期投入巨资搭建数字化系统，打造自有品牌。便利蜂通过智能订货系统、大数据选品系统、自助收银系统、动态定价系统等算法，把门店员工从订货、选品、收银等琐碎工作中解放出来。

全球零售业数字化转型的主要趋势

从全球零售巨头的数字化转型实践可以看出，全渠道能力、顾客体验提升、电商渠道建设、更加灵活的取货方式、数字供应链是重点关注方向，并围绕"人货场"进行数字化转型。总结起来，零售业数字化转型的主要趋势包括：

- 系统融合：帮助零售企业挖掘由数据驱动的洞察力，以了解从库存管理到员工效率等零售流程的各个环节。
- 自动化工作流：帮助零售企业提供自助服务和优化后端工作流程，打通供应链、库存管理和后台数据，确保产品准确性、团队生产力和优化工作流。

- 数字商务：帮助零售企业更快地响应不断变化的需求，提供个性化的消费体验，通过自动化提升运营效率。
- 算法推销：让商品库存、定价、促销更加精准，减少库存成本。2021 年，Gartner CIO 调查显示，63% 的零售企业预计将在商业智能、数据分析上投入更多资金，35% 的零售企业预计将在人工智能上投入更多资金。

第四节 为何零售业要进行数字化转型

自 2010 年起，"零售大灾难（Retail Apocalypse）"从北美开始席卷全球。零售研究公司 Coresight 发布报告称，2019 年，美国零售企业在全美关闭了 9302 家门店；此前 2018 年，曾经拥有 35.5 万名员工、3500 家门店的百货巨头 Sears，在经历多年的关店裁员后申请破产；2018 年，玩具反斗城申请关闭所有位于美国、英国、澳大利亚的商店。根据 Forrester 公司的预测，2022 年，全球零售业预计损失 2.1 万亿美元。全球金融危机的爆发、电子商务的崛起、零售巨头的过度扩张、消费者消费习惯的转变，以及疫情等多重因素，让众多知名零售企业走向破产。

相对实体门店的关门潮，麦肯锡（McKinsey）在《后疫情时代经济之未来的工作》报告中指出，亚马逊在疫情期间雇用超过 40 万名全球员工；在中国，电商、快递和社媒岗位在 2020 年上半年期间增加了超过 510 万个。由此可见，消费者需求和习惯的变化、消费方式和购买渠道的转变，都将深刻影响零售领域。

消费者需求倒逼企业数字化

消费者需求和购物习惯的变化，促使零售企业和品牌商改进产品和服务，尤其要满足疫情期间催生的新的消费者需求。根据麦肯锡的报告，疫情让消费者体会到健康的重要性。乳制品、蔬菜和鸡蛋的需求量比疫情前高出 25%～50%。超市和便利店的数据显示，疫情期间，除了生鲜食品，热销品还包括谷物、半成品、包装食品和零食。

安永公司发布的报告显示，中国消费者相较于经合组织的消费者，更加注重品质、健康、服务、正品保障、社会责任。

在经济压力和心理压力之下，消费者开始减少非必需品的支出，也不愿意为品牌商品和可有可无的商品属性支付品牌溢价。结合大数据和 AI 算法的智能选品解决方案，可以让零售企业快速洞察消费者的需求变化，及时调整在售商品结构，利用一个数据中台、业务中台贯通数字货架和自动补货程序，可以帮助零售企业智能决策、自动补货。

消费者全渠道购物需要数字化

消费者更加期待无缝式、个性化的混合型消费体验。IBM 发布的研究报告显示，2022 年，消费者不再将线上和线下购物视为两种截然不同的体验——他们希望一切都能相互连通，希望实体店实现数字化，希望品牌商和零售企业支持融合实体和数字渠道的混合型购物之旅。

数字杂货零售——通过任何在线渠道（手机 APP、网店或语音助手）进行的订单，有望在未来几年实现两位数的增长。店内提货（BOPIS）、路边提货、当日达、隔日达等形式，已经是我国常见的收货方式，即便未来疫情结束，也将会被消费者所采纳。

在美国，在线购物者以千禧一代（Millennials，指的是 20 世纪 80 年代初至 90 年代末出生的人）为主。据报道，他们比其他几代人更重视当日送达，更容易接受新兴的收货方式、新零售技术与功能。

根据 Acosta 发布的报告显示，千禧一代在数字杂货方面的花费占其全部消费的比例最高（40%），其次是 Z 世代（37%）和 X 世代（32%）。千禧一代中18%的人经常在网上购买杂货，25%的人主要在网上购买杂货，比例超过其他年龄群体。

与之对应的我国 80 后和 90 后，已成为我国消费的主力军，与生俱来的数字化意识和数字化能力，与先前的消费群体相比，更加追求品质、理性化、个性化、便捷化、体验感和新鲜感。

根据 OptinMonster 公司的数据，个性化是购买体验的核心，无关的内容将产生反作用，导致销售额流失。这些变化加速了整个零售领域创新，驱动了数字化转型变革。

数字化为企业打造护城河

根据麦肯锡（McKinsey）发布的报告，各国的电商在零售市场中的份额相较于疫情之前增长了 2~5 倍。

- 2020 年，美国数字零售占美国杂货消费额（1.32 万亿美元）的 11.2%，在线购买者数量同比增长 42.6%。
- 2021 年，我国线上消费增长较快，全国网上零售额较上年增长 14.1%，其中实体商品网上零售额增长 12%，两年平均增长 13.4%，增速明显高于线下消费。

数字化不仅让传统零售转型为数字零售，或者将现有老旧系统升级换代，而且赋能零售企业，为其创造了无限可能。目前，零售企业一方面正在进行深入的多方面变革，包括运营、供应链、库存管理、消费者关系等多方面，另一方面，需要依靠数据分析精准预测消费者需求，及时响应消费者的需求，更快、更高效地将产品送达消费者手里。

虽然疫情为全球的消费及零售业带来了一次剧烈的震荡，但数字化程度高的企业展现出了更强的风险抵御能力。

零售角色正在被重新定义

有研究表明，实体门店和电商是相互促进的：一个新门店的开业会在下一季度为零售企业的官网带来 37% 的流量增长，并将该市场的网络流量份额提高 27%；反之，电商也会促进门店的客流量。这个现象被称为光环效应。例如，亚马逊就利用 Whole Foods 和 Amazon Go 等实体门店，将店内体验和线上体验融合起来。

疫情让很多零售企业重新审视自己的供应链。随着需求的波动，消费者面临着想要购买的商品缺货或延期发货的情况。零售企业正在利用数字化来提升供应链的透明度、响应速度，缩短快递、物流时间。

"要么转型，要么破产"的魔咒在零售业最先显现，零售企业的数字化转型迫在眉睫，零售巨头也未能幸免，纷纷开始进行数字化探索。

第五节 传统零售企业的数字化道路选择

道路一：自建数字化系统

由零售企业内部的技术团队主导、整合外部的优秀解决方案来推动数字化变革，是少数零售巨头的选择，即技术团队在内部与零售业务部门紧密合作，及时发现问题与需求，对症下药，推出最适合自身企业发展所需要的系统。

以沃尔玛为例。有着 60 年历史的零售巨头沃尔玛，连续多年蝉联美国《财富》杂志公布的世界五百强榜首，在 24 个国家拥有 10585 家门店、220 万名员工。面对电商、新零售的猛烈冲击，仍屹立不倒。20 世纪 60 年代，沃尔玛就使用计算机支持日常业务，使用计算机跟踪存货；20 世纪 70 年代，开始使用 POS 系统，1979 年建立第一个数据处理与通信中心；20 世纪 80 年代，发射企业卫星，与供应商建立自动订货系统；20 世纪 90 年代，涉足电子商务领域；进入 21 世纪，沃尔玛也不断拥抱变化，利用无人机和自动驾驶汽车送货等多种方式创新，服务新生代客户。

Walmart Global Tech 是沃尔玛的技术部门，成立于 2005 年，拥有 20000 名员工，并计划在 2022 年再招收 5000 名员工，负责开发和管理构建沃尔玛客户体验的基础技术，包括云技术、数据挖掘、企业架构、DevOps 等。

可以说，正是因沃尔玛具有足够大的体量、足够多的利润、自成生态体系，以及领先于行业内其他企业的数字化基因、强大的技术团队与经济实力，支持了其自建数字化系统。

无独有偶，世界排名前三的零售巨头施瓦茨集团也选择利用这样的方式来推进数字化变革。施瓦茨集团成立于 1973 年，在全球拥有超过 500000 名员工，在 30 多个国家拥有超过 12500 家门店，旗下拥有 Lidl 和 Kaufland 等多个品牌。

digital. schwarz 是施瓦茨集团的 IT 部门，仅该部门就拥有 3000 多名员工，通过整合集团子公司的数字化部门和收购科技企业，为集团旗下多个品牌提供数字化服务，并定义了施瓦茨集团的"数字化路径"。

该部门也向集团外的客户推出 100%"德国制造"的云解决方案（StackIT），以替代非欧洲供应商提供的解决方案。丰富的使用场景、强大的技术团队和经济实力，支持其自建系统，并对外输出技术方案。

小　结

优势：高度贴合自身需求，量身打造，可保证交付时间和数据安全，并保护企业的知识产权。

劣势：因研发、迭代而投入巨大，对技术要求高，并且需要人力、财力的持续投入。

结论：根据 2020 年 CCFA 公布的数据，中国连锁企业百强的平均门店数为 1778 家，连锁超市百强的平均门店数为 305 家。中国连锁企业大多为区域零售巨头，和美国、欧洲的零售巨头相比，规模还有很大差距。就目前中国连锁企业的情况而言，因缺乏专业、强大的技术团队，以及足够、持续的研发力量投入，以自建方式推动企业数字化转型的可行性不高。

道路二：老旧系统升级和新老系统嫁接

虽然 ERP 系统在传统零售企业中的渗透率很高，但 ERP 系统为本地化部署，系统功能迭代缓慢，线上线下相互割裂，不同系统之间存在数据孤岛。作为数字化转型的一种探索，从 2009 年开始，线下超市纷纷开始拥抱电商，"上云"成为近年来的热点话题，云 ERP 也成为 SAP、Oracle 等公司的重点业务方向。例如，SAP 在 2021 年推出全新品牌"RISE with SAP"，帮助客户在原有 ERP 系统的基础上进行数字化转型，因此，大多沿用 ERP 系统的零售企业，以在原有 ERP 系统上叠加系统的方式尝试局部范围内的数字化转型。

小　结

优势：投入少，可及时应对新需求，解决个别问题。

劣势：线上线下系统割裂，碎片式解决个别问题，系统切换效率低、迭代慢，无法从根本上解决系统性问题。

结论：传统零售企业缺乏电商与生俱来的数字化基因，以往使用的 ERP 系统无法做到系统间的数据打通和持续迭代升级，再加上多年积累下来的运作方式形成的惯性太大，简单的修补、嫁接是很难真正实现彻底的数字化变革的，更无从发挥数字化的真正价值。

道路三：与第三方平台合作

从零售巨头的具体数字化转型实践来看，除个别零售巨头独立开展数字化转型工作之外，其他零售巨头纷纷与各行业的科技厂商合作，开展集团数字化转型。

有行业专家评论称，零售企业选择与第三方平台合作的方式进行数字化转型的主要原因有三个：

- 第三方平台的可扩展性。零售企业拥有成百上千家门店，每个门店都需要访问相同的数字工具和资源。通过第三方平台，零售企业可以轻松扩展数字业务，不需要投资自己的基础设施。
- 第三方平台的外包优势。第三方平台拥有一支专家团队，可以帮助设计、实施、管理零售企业的数字化转型战略。零售企业可以释放内部资源，专注于其他业务方面。

- 第三方平台的成本优势。基于 SaaS 模式的第三方平台提供基于订阅的定价模式，对于零售企业而言性价比非常高。零售企业不需要预先投资昂贵的硬件和软件，而是以年为单位支付使用费用。这有助于随着时间的推移降低数字化转型成本。

小　结

优势：数字化转型的成本相对较低，云端部署的扩展性强，可聘请外部专家团队。

劣势：通用型产品，行业属性弱，产业沉淀少；模块化设计，无法做到业务流程的完全契合；外部系统未经打磨，技术落地的阻力大，易出现外行指导内行的情况。

结论：目前，服务于零售业数字化转型的第三方平台，既有以 SAP、Oracle 为代表的软件巨头，也有电商行业中的佼佼者，如京东、阿里巴巴等，它们分别从 ERP、电商、POS、供应链、机器视觉等各自擅长的领域切入，助力零售业进行部分数字化转型。但正如上面分析所说，第三方平台的通用性决定了第三方平台提供的解决方案在对行业或企业的适配性、可复制性及落地实操性方面存在一定局限。

道路四：多点之路

相较于自建系统巨大的研发资金投入、既懂行业又懂技术的人才缺乏，以及失败风险，能够提供端到端一站式解决方案、拥有强大技术团队与持续技术投入、拥有经实体门店验证有效的丰富经验、持续助力零售企业的专业第三方商业 SaaS 服务商，成为零售企业完成数字化转型的最佳选择，而多点 DMALL 正是其中的一员。

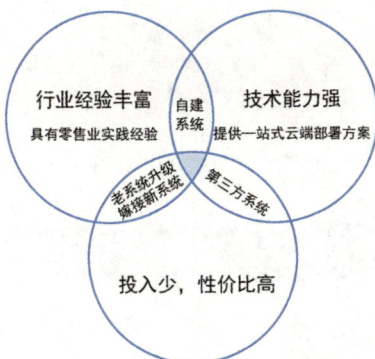

行业经验丰富
具有零售业实践经验

自建系统

技术能力强
提供一站式云端部署方案

老系统升级衔接新系统

第三方系统

投入少，性价比高

蓝色部分为零售业数字化转型的最佳选择

2016—2019年，多点DMALL依托在物美门店中的实际运营，验证了方案的有效性，即将"实验室"中的解决方案落地到"试验田"中，又不断迭代升级，精耕细作，将"试验田"打造成了"示范田"，并与国内外大型零售企业、一线品牌开展战略合作。

小 结

优势：相较于通用型第三方平台，多点DMALL的商业SaaS专注零售业且融入行业最佳实践，经零售全业态验证可复制、可落地、可迭代，性价比高，数据安全。

劣势：企业全面的数字化转型，相当于二次创业，是典型的"1号位工程"，需要一把手的战略定力和亲自主导，才能确保企业上下一心，并且组织结构和运营流程都要做相应调整。

结论：多点DMALL深耕零售业7年，通过在物美全业态零售的"试验田"里摸索、迭代，实打实地为传统零售企业进行数字化转型趟出了一条可行之路。更重要的是，这条可行之路不仅让企业用起来更方便、创新更方便、使用数据更方便，还能直达消费者、直达供应商、建立自己的私域流量池、复用原来的基础设施，更好地使原来的生产要素得到充分利用。基于云架构的多点DMALL零售云，可充分发挥数字化对实体经济的助力作用，从而成为传统零售企业完成数字化转型的最优选择。

第六节　多点 DMALL 的方案与实践

多点 DMALL 成立于 2015 年，是一站式全渠道数字零售解决方案服务商，数字化解构、重构零售产业，提供端到端的商业 SaaS 解决方案。通过多点 DMALL 提供的零售云一站式解决方案，可帮助零售企业和品牌商进行数字化转型，实现线上线下一体化，同时通过多点 APP 等工具为全渠道赋能，并提供各类增值服务。

多点 DMALL 的零售云基于 DMALL OS 提供服务。其中，DMALL OS 包含 19 大系统、800 个子系统，可输出完整的数字化解决方案；零售云可优化到店到家一体化的全渠道服务，从而让决策更智能、流程更精简、场景更全面、切换更无感。

目前，多点 DMALL 已与麦德龙、广东 7-Eleven、武汉中百、重庆百货等 130 多家连锁零售企业、近 940 家品牌商等达成合作，覆盖五个国家和地区，模式得到广泛验证。

零售业在数字化浪潮的变革中首当其冲。在机遇和挑战面前，必将涌现出一大批新兴公司，推动传统零售巨头的数字化转型升级。

多点 DMALL 董事长、物美集团创始人张文中博士曾表示："肤浅的数字化救不了零售企业，但是彻底的、全面的数字化，以回归商业本质为指导思想的数字化，是能够救零售企业的。"零售业数字化转型需要全行业共同配合、共同推动，在数字化运营、驱动、基础、组织和生态系统等多方面，携手奋进。"只有传统零售企业实现了彻底的数字化转型，才能够实现行业和社会的均衡发展。"张文中说。

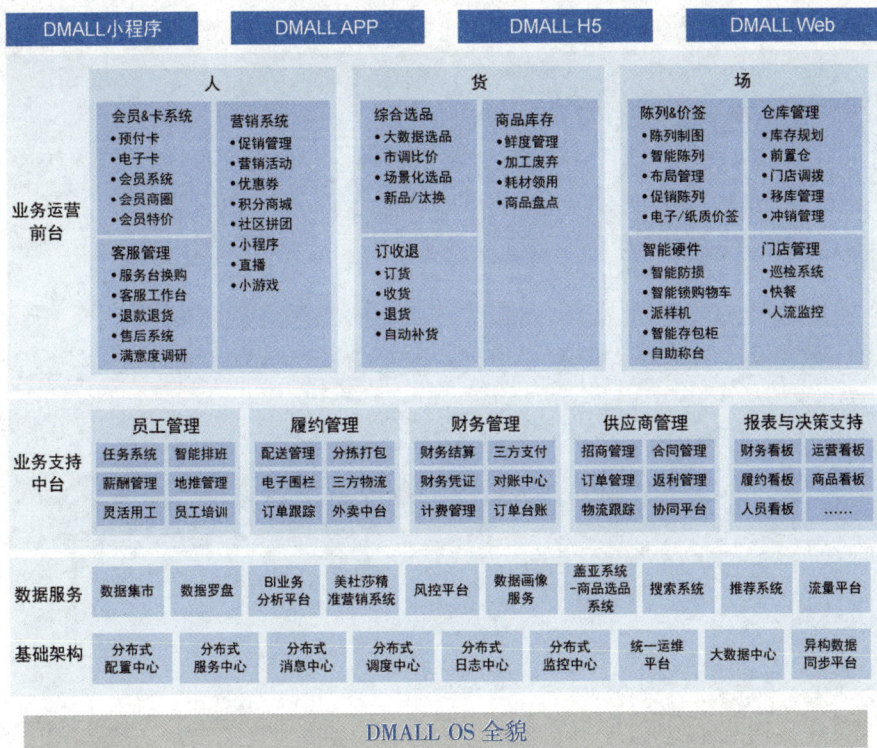

DMALL小程序	DMALL APP	DMALL H5	DMALL Web

人　　　　　　　**货**　　　　　　　**场**

业务运营前台

会员&卡系统
- 预付卡
- 电子卡
- 会员系统
- 会员商圈
- 会员特价

客服管理
- 服务台换购
- 客服工作台
- 退款退货
- 售后系统
- 满意度调研

营销系统
- 促销管理
- 营销活动
- 优惠券
- 积分商城
- 社区拼团
- 小程序
- 直播
- 小游戏

综合选品
- 大数据选品
- 市调比价
- 场景化选品
- 新品/汰换

订收退
- 订货
- 收货
- 退货
- 自动补货

商品库存
- 鲜度管理
- 加工废弃
- 耗材领用
- 商品盘点

陈列&价签
- 陈列制图
- 智能陈列
- 布局管理
- 促销陈列
- 电子/纸质价签

智能硬件
- 智能防损
- 智能锁购物车
- 派样机
- 智能存包柜
- 自助称台

仓库管理
- 库存规划
- 前置仓
- 门店调拨
- 移库管理
- 冲销管理

门店管理
- 巡检系统
- 快餐
- 人流监控

业务支持中台

员工管理		履约管理		财务管理		供应商管理		报表与决策支持	
任务系统	智能排班	配送管理	分拣打包	财务结算	三方支付	招商管理	合同管理	财务看板	运营看板
薪酬管理	地推管理	电子围栏	三方物流	财务凭证	对账中心	订单管理	返利管理	履约看板	商品看板
灵活用工	员工培训	订单跟踪	外卖中台	计费管理	订单台账	物流跟踪	协同平台	人员看板	……

数据服务

数据集市	数据罗盘	BI业务分析平台	美杜莎精准营销系统	风控平台	数据画像服务	盖亚系统-商品选品系统	搜索系统	推荐系统	流量平台

基础架构

分布式配置中心	分布式服务中心	分布式消息中心	分布式调度中心	分布式日志中心	分布式监控中心	统一运维平台	大数据中心	异构数据同步平台

DMALL OS 全貌

　　需要说明的是，本章内容参考了部分机构发布的数据及资料，编者已整理至文件中，您可扫描二维码查看。

第二章 永远在路上：零售业数字化转型落地案例

Always on the Way：Practical Cases of Digital Transformation
in Retail Industry

2
Chapter

数字化范围有多大？大到囊括万事万物，引发全球经济浪潮。

数字化范围有多小？小到一次点击、一次扫码、一次连接。

从 2014 年最早提出数字零售概念、2015 年正式投入全渠道数字零售云至今，多点 DMALL 已经在助力零售业数字化转型的道路上跋涉了 7 年。

7 年来，我们怀揣"助力零售赢在数字时代"的朴素初心，扎下去，与零售人并肩作战，冲上前，危急时刻义不容辞。我们拼过也赢过，痛过也输过，被认可时欢呼雀跃，被质疑时抱头痛哭，但，梦想始终坚定，使命从未遗忘。

我们撷取并记录下一路走来的重要时刻。这是多点 DMALL 与服务的零售品牌商、行业专家、企业领袖及媒体老师，共同为中国零售业的数字化转型交出的一份答卷。它既是我们一步一个脚印深耕数字零售 7 年的积淀与思考，也是对中国零售业数字化进程的见证与期许。

我们谨以这样的记录和复盘，向每一位平凡而伟大的零售人致敬，向为零售数字化默默奋斗的从业者致敬。

我们愿以微薄之力，与更多零售品牌商一起，护中国零售茁壮成长，助中国商业 SaaS 快速崛起，让更多人都能享受全球数字经济红利。

第一节 最佳试验田成就最佳实践，物美和多点 DMALL 谱写中国零售业数字化转型新篇章

编者的话

短短几年，数字化已经从抽象陌生到耳熟能详，但数字化究竟是什么？能为企业带来哪些价值？

我们从开通 O2O 到家业务、增设线上渠道，到投入智能硬件、上线系统功能，向全面彻底的数字化迈进，云架构、全渠道、端到端的数字化脚步愈发坚定扎实，但我们无比肯定，这些只是数字化的初级阶段，还远不能发挥数字化系统的真正、全部价值。

全面彻底的数字化是发展阶段的新科技应用，是对业务数字化、商业模式的创新，是应用环节的数字化思维、数字化系统和数字化组织，是全链条贯通后的商品优化、客户运营、门店管理，是思想、组织、措施和结果的全程闭环。只有从方法、流程、架构等各方面入手联动，适配工具，内外兼修，才能真正实现零售业全链条的降本、提效、增收。

项目背景

物美集团由张文中博士于 1994 年创立，总部位于北京，是中国最大的多品

牌零售企业之一，在全国拥有超过 1800 家多业态门店。2020 年，物美集团的年收入超过 1000 亿元人民币。

物美集团开设了北京第一家使用拥有自主知识产权的 MIS 系统和 POS 机的现代化超市——物美超市，成为现代化超市的先行者。此后，物美集团采取以最优化门店网络密度为核心的区域性整合战略，使物流、采购、运营效率显著提升。截至 2020 年 7 月，物美超市拥有 700 多家超市和便利店，年收入超过 500 亿元人民币。

物美集团坚定推动的数字化策略不仅使数百家连锁零售企业提高了效率和收入，还为数百万用户创造了更便捷、更满意的线上线下一体化体验。

落地案例

2022 年 6 月 14 日，中国连锁经营协会在其发布的《2021 年中国连锁 TOP 100》中称，2021 年，TOP 100 连锁企业销售规模近 2.3 万亿元人民币，同比下降 2.8%，百货、超市、便利店、专业店等四大零售核心业态的销售额分别同比增长 10.9%、0.3%、8.7%、-17.0%。其中，物美销售额同比增长 11.1%，是 TOP 10 中除沃尔玛（销售额同比增长 13.3%）以外唯一实现销售额正增长的连锁商超。

值得注意的是，物美 APP 销售占比已超 85%，线上会员占比超 70%。物美北京联想桥店从 2018 年之前在北京 200 多家门店中亏损排名前 3，到如今的坪效名列前茅、库存周转仅需 15 天、现金使用效率达行业平均水平的 2~3 倍，这样的逆势增长，无疑给挣扎求变的传统零售企业带来了重生的希望。

回首物美艰难而又坚定的数字化转型之路就会发现，能在残酷竞争中活下来的企业，无不是抓到了核心问题，并倾尽全力将之做到极致。

全渠道数字零售服务商——多点 DMALL，也在助力物美率先完成数字化转型的过程中历经磨砺，相互辅助，终究相互成就。

源起：各取所长，绝佳试验田迈出数字化第一步

张文中在 2014 年提出数字零售概念、2015 年创办多点 DMALL 要做全渠道数字零售服务商时，大部分人的思想还停留在开设线上销售渠道、从互联网电商中分一杯羹的阶段。

多点 DMALL 成立沟通会

也难怪，彼时，以 O2O 为代表的电商风头正劲，大家满脑子想的都是怎么把电商抢走的客流抢回来，哪儿还顾得了几年之后的事儿。尽管张文中已经断言：以数字化为基础的线上线下一体化才是实体零售的唯一出路，但如何才能实现线上线下一体化，全面数字化到底该从哪儿下手，所有人都在心里打了个问号。

张文中其实已有打算。身为南开大学经济学硕士、中国科学院博士，又到美国斯坦福大学进行系统工程学博士后研究的他，对"科技改变商业"的观点深信不疑，他要带领多点 DMALL 开发出一套通用系统，让所有零售企业都能借此轻松实现线上线下一体化，实现数字零售的宏大理想。这套系统从产业中来又到产业中去，既植根于商业零售，又加入先进的互联网数据技术，尤其要经过实体零售全业态、全规模、全周期的实战验证，最终形成一套服务于全行业、可落地、可复制、可迭代的标准化商业系统。

这其中，在哪儿落地验证至关重要。物美，2015 年就已位列中国连锁企业百强的第 20 位（位列 2020 年中国超市百强的第 5 位），占据北京零售市场 50% 以上的份额，旗下的大卖场、综超、便利店又覆盖了中国零售业的核心业态，真可谓是最佳试验田！

更何况，虽然两家公司各自独立，但基础的信任度、协同性、执行力都没问题：多点 DMALL 若想助力更多传统零售企业完成数字化转型，则必须先经过全业态零售的落地验证；物美若想通过数字化转型实现经营业绩的突破和提升，则选择花费更少人力/财力/时间成本、更高性价比的第三方 SaaS 技术服务商无疑是最优选择。

有了共同目标作为指引，双方一拍即合，将先进技术融入最佳实践，除了能切实验证多点 DMALL 的零售全渠道数字化模式能否跑得通，还能借物美全业态、全分布的行业领军优势，为传统零售企业的数字化转型打个样板，为中国零售业的数字化转型探路。

万事俱备，只欠东风。既然无比坚定线上线下一体化才是唯一出路，现在已有线下渠道，但线上渠道欠缺。可线上渠道怎么建？能直接把线下流程搬到线上吗？会不会影响线下门店运营？怎么才能做到线上线下一体化？

一堆问题，猜是猜不出答案的，还是得先干起来，从实践中来，到实践中去。

很快，物美就在线下门店单独开辟出一块地方搞起了"电商小屋"。考虑到"电商小屋"既要开门迎客，又要服务于线上用户，于是先把线下商品进销存的流程搬到线上，本着与线下门店互不干扰的原则各自独立运营。

商品有了，在哪儿交易呢？于是，多点 DMALL 推出了多点 APP，在借鉴 O2O "补贴拉新"的同时，还接入了第三方电商、外卖平台，以获取更多流量。

线上线下独立运营，也就意味着得有两套"人马"，线上订单说多不多，说少也不少，起码需要有专人驻扎在门店负责线上订单的拣货、打包。紧锣密鼓干起来之后，问题接连浮出水面。

早期开设在物美门店内的"电商小屋"

- 线上订单在线下门店卖场拣货时搬空了货架，必然影响线下销售与用户体验。
- 线上折扣与线下价格不匹配、促销不一致，引发了用户的不满和投诉。
- 采购人员连蒙带猜，搞不清线上线下一共该备多少货，这边爆单，那边却滞销……

一个头两个大，不知道从哪儿破局，于是回到原点，想想初心：

为什么要做线上线下一体化？因为用户本身就有到店消费和到家订单的双重需求，如果不能很好地满足，则企业很有可能失去这部分用户。

那如何满足用户到店到家的需求呢？首先，找出线上、线下用户，然后进行识别、打通。打通之后，用户画像就会更加丰富、立体，企业能为用户提供的服务也会更加精准、周到。

"电商小屋"带来的另一个重要启发是，与电商更多依靠资本补贴获取流量不同，实体零售的线下门店本身就具备流量基础，不需要大量补贴去获取原始流量，反倒可以现有用户为基础建立并运营私域流量，既能节省一大笔拉新运营成本，又能摆脱对平台公域流量的依赖。

那么，如何把线下门店流量引到线上，并将线下用户和线上用户识别打通呢？

首战："银线"变革，打破"黑盒子"，完成会员数字化

怎样才能把线下用户引到线上，并让用户自愿接受会员数字化呢？

还得以用户为中心，围绕用户痛点、需求做文章。

一一排查"人货场"三大核心场景的数百个环节，备受用户吐槽的结账收银排队问题似乎"有文章可做"。

基于这样的理念，多点 DMALL 在多点 APP 上研发了扫描商品码直接结账的"自由购"方式，线下门店用户可通过手机上的多点 APP 自助扫码结账，随结随走，再也不用排队结账了！

不过若想彻底解决用户排队结账的老大难问题，门店的稽核防损环节至关重要。在完成"自由购"支付后，用户将生成的"付款凭证"二维码在出口处的防损核验屏上一扫，防损核验屏上就会显示该笔订单详情。因为"自由购"的每单商品数量较少，有经验的店员很快就能完成核验。

多点 DMALL 的"自由购"防损核验屏

如果一次买得多，有满满一车商品需要结账呢？多点 DMALL 还推出了"自助购"服务。在收银区放置自助收银设备，用户可以自助扫码结账。除此之外，收银区还放置智能防损设备，可有效识别用户在自助扫码结账过程中的异常行为，既能在恰当时候为需要的用户提供帮助，又能大大降低损耗的发生。

为了吸引习惯于人工收银的用户，多点 APP 推出"秒付"功能，用户只需拿出手机摇一摇，就会自动弹出二维码，显示会员优惠、支付促销、积分累积等权益。

在"自由购""自助购""秒付"等新功能的支持下，门店结账排队的人数大大减少。

尽管说起来轻松，但实际上，"自由购"及后续衍生的"自助购""秒付"等智能支付手段，相当于把门店原有的收银系统从底层推翻重构：原来的收银系统是有并发上限的——所有收银口的 POS 机同时结账的数量就是整个收银系统的上限，即有多少 POS 机，系统就设置多少并发量，少了不够用，多了没必要。在开通"自由购""自助购""秒付"功能之后，意味着需要满足线下门店所有用户的不排队、同时在线、随时结账需求。换句话说，原来线下的一家门店可能有 12 个收银通道，最多一起打开；现在同时在线结账的数量可能有成百上千个，大家可能会问，这得设计多大的并发量才够用呢？

事实上，这对多点 DMALL 基于云架构的商业 SaaS 模式而言，并不是什么难事儿，高峰时可支持无数台手机同时结账，真可谓是上不封顶、下不设限。

最重要的是，这样的自助结账方式，直接将线下门店用户与线上 APP 用户识别打通了。既解决了用户结账排队等候的最大痛点，又降低了门店的人工收银成本，还完成了会员的数字化，为线上线下一体化变革打下了坚实基础。

- 首先，帮助物美实现了会员线上线下一体化运营，尤其解决了线下门店数据黑盒子的问题。以往，门店只能通过收银系统了解整体的客流量、客单价和总销量；现在，在已有信息的基础上，还知道了具体每位会员在线上、线下分别购买了什么商品，会员画像更加丰富、立体，不光较之前传统的手工登记会员卡及精准化营销有了翻天覆地的变化，更直接拉动了全渠道的销售额。截至目前，APP 销售占比已超 85%，在多点 DMALL 会员营销体系的支持下，可基于模型算法给予不同的用户不同的营销策略，如利用商品降价信息推送、大促提醒、到货提醒等，唤醒沉睡客户，通过发券、签到、游戏等形式刺激消费，实现线上线下一体化营销管理。

- 其次，智能收银设备将大量收银员解放出来，不但解决了传统收银方式排长队的顽疾，还能在不增加人力成本的前提下，灵活调岗，满足日益增加的线上订单业务需求。

正是基于以用户为中心的原则，开展解决用户需求痛点、优化用户体验引发的"银线"变革，让多点 DMALL 找到了破局之道，不但以更低门槛和"无感"方式帮助物美完成了会员数字化转型，更激活了门店自有的线下流量，将线上用户与线下用户有效识别打通，让门店将会员流量牢牢抓在自己手中，线上线下一体化的运营能力极大满足了用户到店消费和到家订单的双重需求。

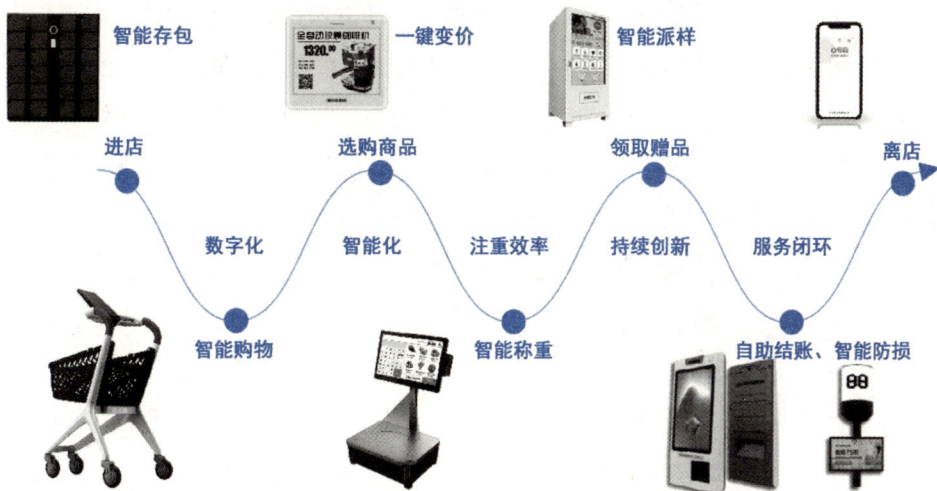

智能存包　一键变价　智能派样

进店　选购商品　领取赠品　离店

数字化　智能化　注重效率　持续创新　服务闭环

智能购物　智能称重　自助结账、智能防损

物美门店内应用的智能硬件部分展示

愈勇：用户导向，化身数字大脑，助门店经营决策

有了全渠道数字化会员体系和经营数据作为基础，接下来的问题就是如何让这些数据发挥价值了。

最直接的影响便是调整商品结构。依托会员的画像数据，物美加强了总部对门店商品结构的把控：一方面，通过对线上线下历史销售数据的分析，关联商圈的大数据透视，解决千店一面、经营商品多而杂的问题，使门店经营品类及商品更贴合商圈内用户的个性化需求；另一方面，改变过去单一依赖供应商推荐和人工选品经验的传统方式，通过对门店周边商圈的数据分析和调研，将人工选品经验的最佳实践融入系统，让每个单品的运转速度不断提升，提高商品品效。

通过梳理商品结构、精简商品数量，选品、招商、陈列系统的数字化和智能化，让物美有机会对每个品类进行专业且有据可依的多维度选品分析，及时汰换、优化经营品类，在有效减少门店自营面积的同时，完成经营品类宽度和深度的拓展。

通常情况下，虽然零售企业通过增加经营品类就可以满足更多用户的更多需求，但一来，实体零售门店的经营面积有限，不具备陈列商品无上限的条件，甚至每一个单品都承担着门店坪效的 KPI；二来，无论线下实体或线上电商，还是线上线下一体化，经营品类过多都会严重影响选品、陈列、拣配等运营效率。因此，减品势在必行，但前提是满足用户需求、不影响用户体验。若想评估优化后的商品结构是否合理，最直接的反映就是销售额和客单价的变化。

以物美北京联想桥店为例，在进行数字化改造后，门店自营面积由 1.3 万平方米缩至约 4500 平方米，经营商品数量减少近 9000 个，生鲜产品占比由原来的35% 增至 50%，重点增加标准化包装的果蔬、净菜、半加工菜肴，既省去称重环节、加快拣货速度、方便线上销售，又减少了因线下被反复挑拣而带来的损耗。在门店腾出的外租区增加了洗衣、理发等生活服务，以及吸引人气的餐饮服务。在系统优化选品后，虽然物美北京联想桥店的经营商品数量大幅减少，但销售额、客单价不降反增。

更重要的是，这还是在将门店动线设计从原来尽可能多且久地留住用户，改为用户可随时随地自助结账离开的基础上实现的：以往，为了让用户看到尽可能多的商品、停留更长的时间，通常会把门店动线设计为鱼骨型；现在，为了方便购买少量商品的用户离店、减少排队结账等候时间、优化整体用户体验，门店动线被设计为不需要逛完全店、随时可自助结账离店的四通八达型。这样一来，就更考验门店的招商选品和布局陈列能力了。能够被招商进店销售的商品无疑都是经过层层筛选的。如何更好地让商品"说话"，陈列资源至关重要。通过综合商品品牌影响力、招商合同、商品销量、毛利率、坪效贡献等维度的数据，系统可综合测算出最佳陈列资源，理货人员按图执行，并通过手机工作台拍照上传陈列结果，系统自动核检陈列是否到位，可做到招商、陈列全流程数字化管理，在给予用户自由购物的同时，最大程度地发挥商品价值，加上不需要排队、不需要收银台的"自由购"助力，门店完成了从商家视角向用户视角的转换，也收获了用户和市场的"投票"。

不光如此，既然能通过数字化完成线上线下全渠道的精准营销，那么门店的运营管理是否也可以做到由数据驱动、任务到人呢？要知道，门店的人工成本占到整体经营成本的40%，除了需要优化商品结构，向卖场要坪效，还需要优化管理流程，向员工要人效。

手机工作台应运而生：任务系统、智能排班、薪酬管理、地推管理、灵活用工、员工培训等功能一应俱全，通过对每个岗位、每个工种的数据分析，明确工作标准，量化员工行为，更让所有人在突发情况下，具备一专多能，形成高效闭环。

例如，受到疫情影响，某区域封控管理时，线下门店闭店，收银、理货等岗位员工暂时空闲，但线上订单暴增，拣货、配送等岗位员工稀缺告急，通过数字化任务系统快速调配人手，为收银、理货等岗位员工开通拣货、配送等权限，不需要培训，更不需要复杂的"排兵布阵"，按照系统给出的拣货动线、路线优化即可上手拣配，一部手机或手持设备即可支持全员"上手"新岗位。

还有商品陈列的智能核检功能。以往门店的货架陈列由总部统一设计后，打印分发到各门店并按图纸执行，不仅浪费纸张，不到20%的陈列合格率也让店长头疼不已。上线新系统后，货架陈列设计图直接推送到理货人员手机上的任务系统中，不但陈列准确率大幅提升，员工因为效率提升而带来的成就感和积极性也水涨船高。

同样受益的还有店长等门店管理层，新系统能将门店销售实时报表、线上订单履约分析、员工管理等所有数据全部汇总在手机中，更能基于智能数据系统帮助店长处理各种决策，既能将店长从办公室报表中解脱出来，又能利用大数据的科学严谨弥补店长个人经验主义和信息误差所带来的决策盲区，真可谓是一机在手，门店（情况）全有。

联动：星火燎原，打通上下游统一采销店仓一体

随着会员数字化、线上线下一体化、门店的数据驱动和任务到人逐步落地，还需要数字化的就是工程庞大却又极其重要的物流供应链了：一方面，物美要联动上游供应商、自有品牌生产商以销定采/产；另一方面，物美也要对自身的物流供应链降本提效。

先来说说与上游供应商的数字化联动。从商品进场的招商竞标到合同签署，从整个商品订/收/退环节的实时同步协同，到最后的计费结算，DMALL OS 可全部实现在线管理。尤其是商品的订/收/退环节，系统可利用销售预测、库存、陈列和损耗等信息，结合订货间隔天数、供应商到货天数、安全库存等，自动根据日清、短保、长保等不同商品的订货需求计算订/补货量，供应商既可直接配送到门店，也可送货到大仓，再由大仓分发至门店。所有订单数据、收货单据、商品库存、商品效期、折扣出清、商品退货、配送方式、进价体系、结算模式等全部在线实时同步，应收/应付清晰透明，大大提升门店和供应商的经营效率。

对物美极为重视的自有品牌而言，有了多点 DMALL 大数据系统的支持，零供模式从之前的"工厂产什么门店就卖什么"变成了如今的"门店卖什么工厂就产什么"，真正实现了以销定产，降本增收。自营生鲜供应链的稳定，对物美还意味着品质可追溯、标准化。用户用手机扫描包装上的追溯码，就能清楚知道

生产企业、加工厂、源产地、检测与物流等信息，对每条鱼、每棵菜的"前世今生"都一清二楚。

以物美自营生鲜品牌"每日鲜"为例，在叶菜类生鲜商品的包装袋上以赤、橙、黄、绿、青、蓝、紫共7种颜色对应从周一到周日的7天，产地直送，只卖当天。之所以能精准预测当日销量、合理备货、减少损耗，都要归功于DMALL OS 的 AI 智能补货系统。订货量不是由店长或品类组长"拍脑袋"决定的，而是由系统依据历史同期销售数据，参考门店营运最小陈列量，剔除促销等非常态因素影响，结合销售档期规划等，以算法模型智能调整，自动给出当日订货数据参考。

物美自营生鲜品牌"每日鲜"

再来说说物美自身的物流供应链。如果说 AI 智能补货系统是降低库存周转天数、提高门店经营效率的基础，那么兼具便捷和高效的店仓一体化模式，应该是零售企业提升物流供应链能力、完成全渠道端到端数字化转型的最优解。

经过不断摸索、持续迭代，2021 年，物美正式采用店仓一体化模式，即从全品项前置仓转向店仓模式，门店到店到家效率及运营成本都较以往有大幅改善：大仓既支持整箱配送，也支持零单散发；门店后仓既可作为门店的补货仓，也可作为线上订单的拣货仓，真正实现精细化运营的降本提效。

这一模式兼具实体零售在3公里范围内全覆盖的便捷，以及电商云端前置仓供应链的高效，可自行圈定、调整门店服务范围，极大地缩短了供应链并提高了配送效率，优化了B端企业团购及C端零售的客户体验。

在为物美设计仓储物流管理平台的过程中，复用商品供应链、共享仓配履约资源、发挥终端网点优势是多点DMALL始终秉承的初衷，并围绕六大原则设计（移动即物流、移动即管理；物流作业标准化、工业化、移动化；容器化管理、单元化作业、货票同行；解放管理者、解放办公室；可配置智能策略引擎；强大的资源管理平台），核心目标就是要打造全流程数字化作业、全渠道履约支持、多种物流作业模式、物流硬件充分应用、高效仓店交接、数据产品高效应用的全场景履约、高效敏捷的仓储物流管理平台。

正是通过这种由点及面、由宏观到微观的"死磕"式优化，物美北京门店的库房空间占比由原来的32%以上，降低至11.7%左右，在不增加任何成本、提升30%拣货效率的前提下，又增加了约20%的利用空间。

当这种变化同时发生在所有供应商和物美门店之间时，高效的系统、流转的加快也会带来各环节效率的成倍提升。在这样的数字化基础上，产生的规模化效益会让生产、流通成本进一步降低，甚至0库存、完全放心的食品安全都将成为现实，也必将零售业的发展推向更加智慧的未来。

初成：知微见著，云架构，端到端，全渠道武装到"头"

从以刚开始时线上销售渠道的"电商小屋"为切入点，再通过"银线"变革完成会员数字化，进而指导门店通过数字化完成商品结构调整、生鲜标准化、全渠道中台、门店动线设计，最后与上游供应商统一采销平台，店仓一体化模式完美落地，多点DMALL终于在物美全业态零售这片"试验田"里，经过不断摸索尝试、迭代优化，实打实地为传统零售企业进行全面、彻底的数字化转型趟出了一条可行之路，不光验证了基于云架构、端到端、全渠道的商业SaaS，具有可服务全行业、可落地、可复制、可迭代的巨大优势，更为那些不愿转、不敢转、不会转的传统零售企业注入了信心和底气。

单一线上或线下渠道的弊端已无须多言，数字化全渠道运营的意义也远不止在线上、线下的不同场景中反复触达用户，通过构建更完整的用户画像来优化精细化营销，更是事关零售企业能否跟上直播、团购等各渠道的起伏节奏，能否在数字化时代生存下去。例如，在疫情来袭时，线下门店可"秒变"线上电商和仓库，抗疫保供，顺畅运转。在这背后，是多点 DMALL 的包含会员营销、智能排班、大数据选品、自动补货、招商陈列、履约中台、WMS 等在内的一整套解决方案，更是多点 DMALL 对以客户为中心、回归商业本质的践行。

容易看到，实体零售的数字化改造以智能硬件和营销为切入点，但隐藏在背后，更体现企业"功力"的是从依赖业务人员的经验导向过渡到系统决策，并通过重构流程、标准和组织架构，提升整个供应链的流通效率。不光北京联想桥店，2021 年，物美北京门店的库存周转天数都已降到 20 天，全年退货额也不断刷新最低纪录。

多点 DMALL 经物美全业态验证，为更多实体零售企业打造的零售云，不仅有纵向的上下游进销存供应链的互联互通，还有横向的招商、陈列、选品、促销、结算、财务的打通整合；不仅有针对用户的线上线下全渠道的精准营销，还有针对内部员工的岗位、绩效、排班、出勤等的标准化管理；不仅有陈列核检、自动补货的细节管控，还有对店仓一体、物流配送的宏观架构；不仅有对门店运营管理的工具支持，还有助力总部战略决策的"数字大脑"。

从简单的收银系统，到"人货场"在数字空间的重构，再到更高级的业财一体和"数字大脑"，一路走来，多点 DMALL 的发展路径非常清晰：做好当下的同时，每次多做一点、再多做一点，以稳健为前提，通过循序渐进的功能和架构演进，直至"数字大脑"的各项功能完整构建。由于多点 DMALL 的发展逻辑既是看得见、摸得着的，又是能够令各大商超企业信服的，因此才能看到一众行业龙头企业愿意将 DMALL OS 作为自己的"数字大脑"，将业务、财务、决策放心交付。

正如张文中所言，实体零售必将长期存在，但存在的前提是回归商业本质、全面彻底的数字化。而开启全面数字化万里长征的第一步，就从脚下开始。

截至 2021 年，多点 DMALL 已经与 130 余家连锁零售企业以及近千家品牌方展开合作，共同汇聚成零售业全面数字化征程中的先行者力量。这股力量将化作源泉，为我国零售业输出源源不断的活水，滋养行业的健康可持续发展。

后记

物美的数字化转型之路，既简单又复杂。

简单是物美作为系统使用者、终端用户作为消费者的直观感受，复杂是在 DMALL OS 背后，产研、BD、实施、客成（客户成功部门的简称）等团队的一致心声。商业 SaaS 的特点也在于此：无论后台设计理念与实施逻辑多么复杂，呈现给客户的一定是简单清晰和操作便捷的。

一方面，目前看到的 DMALL OS 只是冰山一角，海面下的暗流涌动犹如系统背后盘根错节的商业底层逻辑，只有其环环相扣、严丝合缝，才能形成现有的数字化转型成果。另一方面，正是因多点 DMALL 与物美无数次的摸索尝试、无数人的坚持不懈，才有了今天融入最佳实践的最优解决方案。

商业竞争没有尽头，对数字化的应用也仅是开始。零售这一古老而又年轻的商业业态，更是在无数个经营环节埋下了无尽优化的空间。目前，物美的数字化虽然已经覆盖了零售业务的核心环节，但仍有场景需要持续增强。新兴业态和新兴购物场景的不断产生，就要求数字化要持续迭代升级。数字化的系统只有和数字化的人、数字化的流程、数字化的组织紧密结合、持续磨合，才能持续提效，发挥更佳效果。此外，诸如商超、便利店、百货、购物中心等同一集团下的不同业态、不同区域，如何在数字化的基础之上更高效协同等问题，还有极大探索空间。无论如何，只要始终不忘以用户为中心的初衷、更好地满足用户需求的商业本质，零售业务中的每一个环节、每一个场景，都将是反复钻研、不断优化的最大源泉和动力。

多点 DMALL 致力于让更多零售企业能以更低成本完成数字化转型，而经一线实践积累验证的数据又可反哺零售企业的数字化进程，让更多 B 端、C 端客户也能通过零售业的数字化转型享受全球数字经济红利……积土而为山，积水而为海，今天的每一分耕耘，都会成为明天梦想成真的基石。

路漫漫其修远兮，吾将上下而求索。

突出亮点

- 物美门店数字化会员占比超过 70%，APP 销售占比已超 85%。

- 2021 年 12 月，物美选品效率提升 60%，在有效减少门店面积的同时，优化了卖场商品结构，完成了品类宽度和拓展深度，新品引进的成功率提高了 30%，有效汰换率提升了 25%。

- 经过持续不断的经营策略优化，结合数字化工具的应用，物美门店的库房空间占比由原来的 32% 以上，降低至 11.7% 左右，增加了约 20% 的利用空间。

- 每年仅门店订货一项，可节约超千万的人力成本。过去每个门店要为订货配置 2-3 人，现在由总部的集中订货组统一订货，参与订货的人员不足 30 人，订货成本大幅降低，整体门店的库存周转天数降到了 20 天，全年退货额也在不断刷新最低记录。

客户证言

中国生鲜快消行业正在发生新的变革，规模化、全场景全渠道、拥抱数字化转型、安全运行，成为零售企业保持可持续增长的四大核心竞争力。

在物美集团与多点 DMALL 合作进行数字化转型的过程中，通过线上线下业务融合，实现了到店客流稳定、会员数量稳步增长的目标。2021 年，物美开启了"仓店合一"策略，实现从全品项前置仓向店仓模式的转化，进一步提高了体系的运营效率。同时，线上业务增长强劲，多点 APP 用户累计超过 2.3 亿人。

在 C 端，打造数字化会员运营体系，通过融合多点 APP、第三方平台、私域流量、直播电商等方式，打通线上与线下场景，随着越来越多合作伙伴的加入，物美的营销模式更为立体。在 B 端，物美已经建立包含储值卡支付增值业务、大宗板块业务、企业福利与餐饮供应、社区商业与小区配送等四大板块。在物流供应链方面，物美集团将发挥协同优势，打造全国性数字供应链。

——物美集团首席运营官　许少川

【专家点评】人民网记者李彤：

中国商超的数字化转型或将为外国同行所学习借鉴

这是一场零售商超的"抢滩战"，也是资本推动的又一次变革。不同于互联网企业在苦心寻求"落地"，传统零售商超正在积极谋求"触网"。围绕"人货场"，在认知升级和技术应用的大趋势下，一场商业模式的变革正在悄然发生。

每一次行业的转型升级，都是企业生死存亡的关键时刻：转型成功，皆大欢喜；转型失败，被市场淘汰。物美集团的数字化实践，仅是市场发展的一个缩影。这背后既体现了行业的整体焦虑、传统零售商超不断增长的交易盈利压力、因互联网线上流量枯竭而不断增加的引流成本，也体现了数字化技术加速消费行为与商业环境的改变，以及消费生态体系进一步融合的旺盛需求。

商超作为零售业的重要渠道，主要业态以大卖场、标准超市、便利店等经营生鲜、食品、日用品等大众化的实用品零售门店为主。在数字经济浪潮之下，零售商超的数字化转型发展趋势显而易见，正从"加分项"变为"必选项"。这是回应市场要求的必需条件，也是商超自身经营发展的基本要求。

数字化给商超发展带来了哪些影响？在数字化转型浪潮的席卷下，传统商超正通过线上线下融合、创新业务场景、加强私域消费者运营等途径，加速数字化转型升级。更深层次的是，当前零售商超已经进入全渠道经营阶段，开始了全渠道融合。线上线下的一体化不仅是前端的经营、渠道，还有后端的管理，以及整个上下游供应链的融合。

数字化对商超提出了哪些要求？为了适应数字化带来的影响，商超需要进行组织和体制上的变革，将数字化DNA融入发展的血液，要加大技术投入，提升数字化的能力，调整产品结构来满足客户的新需求，更好地与线上平台对接，相互赋能，共建生态圈，自建线上平台，不断尝试新业态，优化自身经营理念。

数字化给商超转型提供了哪些机遇？商超转型的核心是"人"，数字化给商超提供了数据驱动和客户管理的工具，能够更高效地提升客户体验、提供全场景数字化营销、优化智慧购物体验。根据用户信息、消费行为数据、商品数据、场景数据，以及用户、商品、门店之间的联系，共同构成商超的数据资产，以支撑自身的长远发展，并将转型结果体现在人流量、活跃度、复购率等具体指标上。

商超数字化转型已经进入下半场，一些商超前期探索积淀的优势正在逐渐显现，值得业界共同关注和借鉴。但在日新月异变革的同时，也有大浪淘沙的市场迭代。

之前人们问"谁在做数字化"，现在问"谁没做数字化"，创新和坚守是基于持之以恒的投入，未来"谁还在做数字化"更为可贵。商业模式创新和技术应用需要时间去沉淀，再过一年到两年的时间，业态的发展会更加清晰。可以肯定的是，中国商超行业的数字化没有可以照搬的模式，但中国商超数字化的模式可以成为国外同行学习借鉴的经典案例。

第二节 打破数据孤岛，麦德龙"云数仓"让数据变"金矿"

编者的话

几乎没有人不知道数据的重要性。

但什么样的数据才重要，什么样的数据才有用，又该如何利用这些重要的、有用的数据，恐怕很少有人知道。

作为一种新型资源、资本、资产，数据在零售企业数字化转型中的价值无须多言。无论用户画像、私域运营、选品招商、陈列促销，还是任务到人、店仓一体，零售全链条流程中的每一个环节都由数据驱动，效果也由数据洞见。发挥数据最大价值的关键前提，就是数据标准的统一和打通。

多点DMALL以"云数仓"的形式帮助麦德龙解决了"数据一致性"的痛点。这项工程浩大的"地基性工作"，不仅让麦德龙的私有"云数仓"随时在线，而且可监控、可处理的成本和门槛极低；不仅可让各环节数据无缝连接、统一规范，而且可开放给所有部门共享，不但1年能干之前5年、10年的事儿，更能通过数据看清未来的方向，避坑、转向、蓄力、冲刺。

坚持做这件难而正确的事，哪怕过程困难重重，迈过之后，终将前路宽广。

项目背景

作为批发零售业的领军企业，麦德龙于 1996 年在上海开设了中国的第一家现购自运批发商场。迄今为止，麦德龙在中国拥有 100 多家门店，超过 11000 名员工及 2000 万个客户，2019/2020 财年销售额达 229.5 亿元人民币。

落地案例

在多点 DMALL 和麦德龙各部门对接的十几个工作群里，随着"十分顺利""更清晰明了""更及时更准确""无可比拟的优势"等反馈不断传来，多点 DMALL 麦德龙云数仓项目的小伙伴知道，这事终于成了。

时间回到几个月前，会议室里的气氛一度焦灼，麦德龙和多点 DMALL 的技术团队已经讨论了整整一个下午，双方对"云数仓"的概念争执不下。

负责产品研发的刘娇娇、张胜霞如今回忆起来，一致认为那是整个项目中最难过的一个坎："虽然困难很多，但最大的困难就是这个。万事开头难，不仅是使用习惯的不同，更是认知的不同。"

车同轨，"数"同文

"刚开始，双方对云数仓解决方案的标准、认知不一样：麦德龙要的云数仓是把尽可能多的数据维度放在一张表上，做成大宽表，用起来更方便；多点 DMALL 的云数仓遵循数据模型的设计规范，采用分层结构，按主题域划分，在成本与性能之间更平衡。"刘娇娇说。

甲方、乙方的基础认知无法达成一致。

云数仓是什么？多点 DMALL 在为连锁零售企业做数字化转型服务时，创建了一项基础设施——云数据仓库（简称云数仓）。简单说，云数仓就是一个超大型数据库，把数据按照统一的规范收集起来。它与数据库有什么不同呢？

- 连锁门店越开越多，业务越做越大，部门越来越多，数据量大增，报表需要跨部门、多系统的数据，怎么快速实现？
- 不同系统中的数据，格式、单位、含义不一样，甚至数据本身也不一样，要怎么规范？
- 如果数据需要修改，或者有新业务需要进行新数据维度分析，怎么联动各数据库？

这些问题都可以交给云数仓。它的主要作用就是标准统一，保证数据一致性，打破不同系统形成的数据孤岛，减少重复开发等工作，最终目的是在内外竞争加剧、需求多变的环境下，加速应对挑战，快速将数据转化为洞察、决策，指导业务流程改进、成本优化、效率提升。

正如"车同轨、书同文"的意义重大，只有标准统一，才能高效协同，沟通顺畅。

多点 DMALL 的云数仓搭建在云上，足以弹性扩容，同时服务于所有合作商家。合作伙伴在享受数字化云服务时，不用再关注硬件、软件等后续运维，只需要全身心关注自身业务。这些数据经过模型算法处理，可以输出报表、商策等具体的功能模块以供使用，辅助商家以数据驱动增长，谋求创新。

"在多点 DMALL 的数据报表体系中，绝大多数分析报表由商策来支持，基本可以满足 90% 的业务数据分析需求。其他基于企业特定场景的深度分析，例如想要生成个性化报表，则可使用多点 DMALL 的优数平台 UniBI 来敏捷搭建。"多点 DMALL 客户成功部门的数据服务团队如是说，其工作重点是帮助合作伙伴更高效地使用数据。

有些商家自身就有一定的信息化、数字化基础，也有更多个性化的需求。比如麦德龙，原本就有基于 ERP 的云数仓，有专门的商务智能 BI 团队，具备数据挖掘分析的能力。在双方合作的过程中，麦德龙提出想要换个更好用的云数仓，却无法提出具体的需求。大家知道，如果一个人嘴上说没有具体要求，那多半实际要求挺高。

"幸好咱们条件优秀，不怕！"多点 DMALL 的云数仓本就具备行业先进性。虽然过去输出的都是"成品"——数据中台解决方案，云数仓只是其中的底层部分，数据中台还包括算法模型、分析工具等，是提供一站式数字化、智能化的基础。也就是说，多点 DMALL 的云数仓不仅能给客户提供"成品"，还能给客户提供"生产流水线"。

多点 DMALL 的技术人员带着"优秀的生产流水线"来到麦德龙，提供一套搭建在私有云上的升级版云数仓，架构清晰，指标全面，响应迅速，却发生了双方对"云数仓"概念争执不下的那一幕。

怎么解决？

双方最终的目的都是把事情做好，于是多点 DMALL 的技术人员为满足对方需求做了定制化开发，即在多点原有的云数仓架构上，再做一层 ADS 宽表，按照麦德龙的使用习惯定制了个性化应用层，可以一张表获取多种数据。

双方终于就"云数仓"的概念达成共识，但真正落地仍然困难重重，认知不同的问题一再出现，双方业务、指标的定义也有很大差别。

"同一个东西，双方用的描述可能不同；内部各部门的数据也需要进一步统一。"刘娇娇举例说，"比如，实销金额，财务、采购等不同部门采用不同的规则，需要统一标准，不然数都对不上。"

数字化赋能后的麦德龙 PLUS 会员店开业

云数仓威力显现

为了更顺利地切换系统，多点 DMALL 的客户成功部门提前开始"陪跑"——一般情况下，客户成功部门属于系统上线的最后一棒，应在切换后介入培训等环节，提前陪跑则让接棒后的发力更为迅速。

毕竟，之前麦德龙十多年的运营经验，带来了惯性思维，束缚着改换跑道后的起跑速度，如何更好地借助互联网的敏捷化冲击，就成了多点 DMALL 和麦德龙共同面对的问题。

客户成功部门的数据服务团队介绍："我们对接了麦德龙几乎所有的一二级部门，建了十几个群，分使用、高效、升级三步走，以满足深度需求，提升应用数据的能力。比如，在 EC 线上运营部门需要分析经营指标时，以前是和 BI 沟通需要出什么维度的报表，现在可以根据自己的需求直接加工分析数据，上新业务时也可进行能力改造、数据埋点。其实刚开始时很多人觉得新系统用不惯，但真正用起来后很快就上手了。有个麦德龙的员工，自己整理、分享了一个新系统使用'秘笈'，觉得太好用了！"

毕竟，谁喜欢天天用 Excel 做报表汇报呢？多点 DMALL 的 UniBI 自助分析工具"开箱即用"，既能可视化地拖曳页面，从 PC 端到移动端，随时随地进行数据分析，又能适配零售细分场景，支持不同岗位查看不同的数据 BI 看板体系，非常适应零售业人员流动快的特性。

麦德龙各部门和多点 DMALL 对接的十几个工作群，渐渐有了"夸夸群"的氛围。和过去使用的德国系统相比，多点 DMALL 的云数仓使用起来有很多优势：

- 第一，增强了数据的一致性，命名更规范，指标固化，方便了数据分析，减少了重复计算。
- 第二，响应及时，没有回传到德国总部的 6 小时时差问题，也不需要再走邮件反馈需求，而是直接通过即时通信工具解决问题。
- 第三，多点 DMALL 的一站式解决方案，中间不需要涉及众多第三方供应商系统，数据传送的链路大大缩短，云数仓和业务系统是一体的。

- 第四，私有云部署降低了维护成本和运营成本，随时在线可监控、可处理。

数字化，如今已经上升到时代趋势、国家战略、行业共识，数据随之成为生产要素，是资源，是基础。对多点 DMALL 的这些行业从业者来说，数据究竟意味着什么呢？"数据是眼睛吧！没有数据就看不到方向，没有指向性，会掉坑。"

那通过数据又能看清什么呢？

比如了解顾客，在这件事上，大型连锁商超可能还比不上小区的夫妻店。过去，很多传统商超或凭借位置优势，或凭借丰富且性价比高的商品优势，坐等顾客上门，根本不知道也不需要知道"常来的王大妈家爱吃什么"。

如今，面对线上线下各种渠道的激烈冲击和争夺，消费者的购物习惯也发生了改变。获客越来越难，流量越来越贵，很多零售企业意识到自己对于消费者——根本看不清、摸不全。因此，近些年，"以消费者为中心""精准营销""触达用户"的呼声被喊得越来越响。

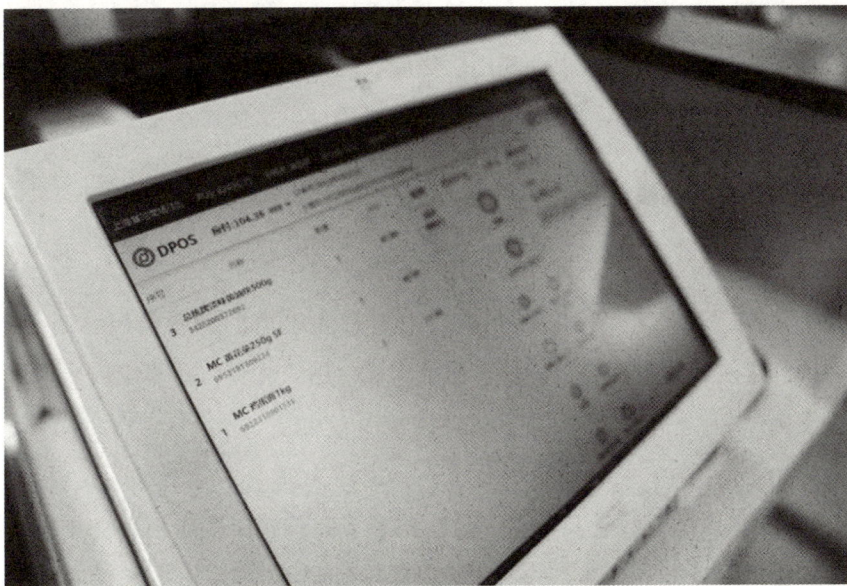

麦德龙中国门店已上线多点 DMALL 零售云 DPOS 收银系统

只有透过数据，连锁零售的决策管理者才能更好地了解用户需求，应对多变的环境。很多商家过去也不是完全没有数据，但不同业务使用不同的系统，各系统没有打通，数据埋在不同系统的数据库中，用起来好似盲人摸象，不见全局，需要把它们挖出来、理出来、串起来、用起来。

如何利用及时敏捷的云数仓应对多变的需求呢？举个例子，在 2022 年春夏上海这波疫情中，麦德龙承担了相当严峻的保供任务，小区封控，订单量大涨，人力不足。"因为订单不能送上门，所以我们在云数仓中增加了每个小区地址对应的居委会的数据维度，经过数据处理，在每个门店收到大量订单后，就能一目了然地知道不同地址对应哪个居委会，配送到某个居委会的订单到底有几十单还是几百单，需要匹配多少运力，优化处理订单送到居委会、交接给'大白'的流程。"客户成功部门的数据服务团队说，"从收到问题，到解决并应用，我们花了不到 2 小时。"

在多点 DMALL 为麦德龙搭建的云数据仓库内，有无数这样的字段、数据都在为特殊条件下的保供提升点滴效率。在多点 DMALL 云数据仓库的支持下，麦德龙在上海的各家门店能够根据数据报表，掌握线上订单从各街道、各社区、各时段的涌入情况，及时调整大仓和门店供应，匹配拣货和配送力量，更清晰、高效地协调紧张的运力资源，最大程度地保障居民订单尽快送达。

从共享到共创共赢

数据一致、打通后，还有什么作用呢？再来举个例子。

在处理客户诉求（简称客诉）时，消费者多渠道的消费情况、用户画像、过往客诉、之前处理案例等，能让客服大大优化用户体验，即多维度数据可对客服提供支持。

麦德龙之前的 BI 系统，使用要求高，用的人就少，应用范围受限。现在，多点 DMALL 提供的云数仓及数据产品，配套了完善的深度应用服务支持，客户成功部门提供一对多、一对一的专项培训及咨询服务，真正让新系统在麦德龙全面高效地应用起来，形成数据体系，推动业务迭代，提高了整体运营效率。

数字化，不光让数据在企业内部发挥更大价值，从行业来看，零供协同也意义巨大。

面对零售企业、品牌商对接时数据维度无法统一的痛点，多点 DMALL 合伙人刘桂海说："我们给出的解决方案是以融入行业最佳实践的商业 SaaS，去满足多方的共性需求，在新业务中以持续迭代的方式满足新需求，并率先建立标准，增加数据的统一和闭合，实现零供双方最大程度上的共享共赢。"

作为第三方，多点 DMALL 正在为规范行业标准贡献自己的力量。2021 年 12 月，多点 DMALL 与中国连锁经营协会共同发布团体标准《零售数字化术语》，统一了零售数字化的相关术语及定义，主要囊括通用术语、管理与运营术语、技术术语三大部分。其中的很多标准是从云数仓及 DMALL OS 中抽象而来的，更多的标准化内涵在系统本身，帮助零售企业在数字化转型中优化全流程，真正提效降本。

这也正是多点 DMALL 董事长张文中一直期望的"标准的联盟"，要和合作伙伴一起制定行业标准，包括未来的数字化，以及线上线下一体化的店铺，究竟会是什么样的。

为了零售业的数字化、标准化，每一位多点 DMALL 人都在为之努力，同时连接更多的伙伴，开放合作。例如，云数仓中不仅有多点 DMALL 的数据，也可以接入第三方数据源，即麦德龙其他供应商的系统数据，统一进行整合处理。

通过集结标准、技术、会员、商品供应链、智能硬件等联盟，多点 DMALL 正在打造一个开放共享的实体零售数字化平台，共同完成"全面数字化"的大建设。

后记

与很多公司宣称的"数据大脑"不同，多点 DMALL 还把数据视为"眼睛"。有了"眼睛"，既能看见方向，又能看到不足。但仅有"眼睛"还不够，这就好比有数据的公司都是数字化公司吗？显然不是。有数据，并且能把数据价值最大化，才叫数字化。

这里的价值最大化有两层含义：一是数据本身的价值最大化；二是数据应用范围的最大化。

回想一下，有多少公司的数据仅是趴在表格里？又有多少公司的数据只有 BI 部门可见？麦德龙的"云数仓"无比坚定地迈出了这一步：横向打通多维度数据分析，形成结果报表看板，查找问题互相验证；纵向对齐前后历史信息，用历史指导现在，预判未来，帮助做方向性决策。通过数据报表与业务系统的强关联，将不同使用权限开放给所有部门，90%需求被统一数据报表所满足，10%留给各部门共创，不仅加大了数据的应用范围和价值，还调动了所有人动脑挖掘、应用数据的积极性。

这样的"云数仓"，也由以往简单的业务层生产、决策层使用，变成所有部门共创、共享、共生、共赢。

更为可贵的是，麦德龙的"云数仓"解决了不少零售企业面临的数据标准不统一的共性问题，从底层结构上就保证了数据的一致性，由此打破不同系统工具、业务模块形成的数据孤岛，减少重复开发、数据利用等损耗，更好地发挥数据价值。

突出亮点

在麦德龙的"云数仓"统一了数据标准后，各部门的相关数据被高效打通、共享，尤其在疫情期间高效联动，对紧俏民生商品进行限价管控，做到保供保价。

自 2020 年开始，麦德龙以数字化助推付费会员体系，短短几个月，付费会员已近 200 万人，60%以上的零售额都来自付费会员。在保持原有 B 端业务优势的同时，上线 O2O、全城配等业务，为麦德龙 C 端业务的增长提供了有力支撑。2021 年 2 月，麦德龙中国单月订单量较 2020 年 6 月大涨近 64 倍，电子会员数增长 54 倍。之后，多点 DMALL 乘胜追击，为麦德龙搭建私域流量平台——麦德龙

APP。2022 年 1 月，该渠道销量额高达 1.4 亿元人民币。

客户出示麦德龙 APP 中的电子会员卡结账

客户证言

在 2022 年的"6·18"期间，麦德龙销售成绩亮眼，APP 线上业务销售额同比增长近 6 倍，自有品牌商品销售额同比增长近 7 倍，并且第二季度全渠道订单数和客单价均实现正增长。多点 DMALL 的数字化系统以及其中沉淀的行业优秀经验，让麦德龙搭上了快车。麦德龙已经把整套系统切换成了多点 DMALL 的商业 SaaS，不同于过去的 ERP 系统，基于云架构的商业 SaaS 可以不断升级迭代，适应业务的创新发展需求。比如，麦德龙 APP 仅用时一个月便成功上线，这都归功于多点 DMALL 提供的标准化、可复制、融入行业最佳实践的成熟商业 SaaS 系统。

零售企业要实现逆势增长，离不开全面数字化的支撑，特别是在疫情突发时，情况瞬息万变，零售企业必须快速做出应对。因为已打好数字化基础，所以麦德龙可以从非常细小的"颗粒度"来进行线上线下运营管理的迅速调整。比如，依托 DMALL OS 的灵活性，可及时调整商品结构、线上下单的"虚拟店"

数量、配送半径等，实现更高效、更广泛地履约，特别是在两周内上线了 8 家云仓，在上海疫情期间服务了超过 4 万户家庭。

数字化转型后，麦德龙得以了解并优化每个节点的效率。举例来说，数字化触点赋能会员个性化营销，可以多场景、多维度触达会员，有效提升会员的活跃度和黏性。依托多点 DMALL 的小程序拉新工具，2022 年至今已有超 20 万人领取体验卡，体验卡可有效降低顾客的入会心理门槛，促进会员拉新转化，会员数字化附属卡累计激活超 70 万张，这为门店带来了可观的客流增量。凭借长期以来所打造的供应链、食品安全高标准等优势，以及全面数字化的赋能，麦德龙在保持原有 2B 业务增长的同时，也将继续快速发展 2C 业务，实现全面健康增长。

——麦德龙中国副首席执行官　陈志宇

【专家点评】网易科技频道总监宁琦：

标准统一是全面数字化的基础

企业的数字化转型是一个老生常谈，却又不得不谈的话题。

在企业的数字化转型过程中，不适与痛苦也随之产生：这缘于数字化转型的本质是运用新一代信息技术，对政企等各类组织主体的生产、运营、管理、营销等各个层面进行全面的系统改革，碰撞不可避免。

在这些不适和痛苦中，数据孤岛一直被认为是数字化转型中的最大问题：我们知道数据能产生价值，但数据本身并没有价值，只有将所有数据应用起来进行分析、挖掘，并据此做出决策，才是数字化的意义所在，在很多数字化转型案例中，不同部门之间的数据无法连通互动，导致数据孤岛的产生，不能连通的数据，价值完全无法体现——这既可能是由此前装载各类系统的历史原因造成的，也可能是由部门之间为了自身利益而特意设置的。

在上述案例中，多点 DMALL 以"云数仓"的形式帮助麦德龙解决"数据一致性"的痛点，就是在避免低水平重复建设、打破不同系统形成的数据孤岛，充分应用数据应对内外竞争。

麦德龙是批发零售业的领军企业。庞大的体量，也让麦德龙存在着内部信息流通不畅、对外界消费者需求把控较为落后等问题。这是大型零售企业的通病。

出于对业务连续性的考虑，多点 DMALL 在解决麦德龙数据标准问题时，依据麦德龙的使用习惯在云数仓架构上再做一层 ADS 宽表。这是定制的个性化应用层，可以一张表获取多种数据，从而使得数字化得以顺利推进。

在数据标准问题解决后，为麦德龙带来了内外两个方面的变化：一个方面是内部数据得以打通，降低了数据传递的延迟，强化了数据分析，让企业的决策层能够更为迅速、全面地进行判断，并下达到各个层级；另一个方面是加快了对外部反馈的反应速度，从而更了解消费者的需求，能够应对更多变的环境。

这是非常典型的"降本增效"，对于大型零售企业的数字化转型而言极有参考价值：

- 第一，对于企业内部而言，相关数据只存在于表格中，未能"跑"起来并反馈到数据分析、决策部门，对于企业的运营效率而言没有任何提升。
- 第二，对于上下游链条而言，未能标准化的数据不具备连通条件，对于市场的反馈无法及时反应。

所以，多点 DMALL 的董事长张文中一直期待能推出一个"标准的联盟"，与合作伙伴一起制定行业标准，包括未来的数字化、线上线下一体化的店铺。这才是我们希望看到的"全面数字化"。

第三节　盘点效率提升 **35%**，广东 **7-Eleven** 总部与加盟商同频"共舞"

编者的话

从 24 小时不间断经营、拥有强大的供应链能力，到顺应当地消费升级的品控要求，甚至货架摆放、商品陈列，7-Eleven 便利店对细节的极致追求和对标准的严苛复制成为多年长盛不衰的制胜法宝，更一度成为行业竞相模仿的标杆、榜样。

从一家店到数千家店，7-Eleven 如何保证对细节和标准的始终如一？又是什么系统，在丝毫不影响广东 7-Eleven 1500 家便利店和 3 个配送中心正常经营的前提下，仅用短短几个月的时间就完成了传统 ERP 至少需要两三年才能完成的全面、成功切换？

当便利店标杆——广东 7-Eleven 遇到中国零售业数字化商业 SaaS 领先代表——多点 DMALL 时，双方将擦出怎样的火花？

项目背景

广东 7-Eleven（广东赛壹便利店有限公司）作为广东地区 7-Eleven 经营权

的唯一被许可方，于 1992 年在深圳特区开出第一家 7-Eleven 便利店。经过 30 年的深耕，至今已在广州、佛山、深圳、东莞等 12 个城市开设便利店，总数超过1500 家，作为广东便利店市场的领导者，备受本地消费者的喜爱。据中国连锁经营协会最新公布的《2021 中国便利店 TOP 100 榜单》显示，截至 2020 年 12月 31 日，7-Eleven 中国门店接近 2400 家，广东 7-Eleven 门店占比超过 60%，具有举足轻重的地位。

落地案例

零售业有种说法："世界上只有两类便利店：7-Eleven 便利店和其他便利店。"

作为广受认可的全球知名便利店品牌，7-Eleven 发展的秘密武器之一是特许加盟模式。

与一些品牌的松散加盟模式不同，7-Eleven 总部投入相当多的资源来服务和管控加盟店，能细化到招募、培训、店铺管理、问题追踪、财务管理、合同管理等各方面，流程极为繁复，急需一套贯穿始终的系统来协助运营。

标志性的 7-Eleven 便利店

进入数字化时代后，多点 DMALL 与广东 7-Eleven 建立合作，为其 1500 家门店及 3 个配送中心提供了一站式数字化解决方案——零售云，形成了从消费者、门店、加盟商、供应链、仓储物流到总部管理的全流程、全要素数字化。其中，加盟管理系统，可提升总部与加盟商的协同效率，对门店管理可做到移动化、实时化、数字化，能更快适应多变的消费需求，实现降本提效，最终形成品牌与加盟商的共赢。

共识：每季一个目标，重新定义系统使用

在零售企业的日常运营管理中，系统与业务流程的匹配度绝对是令人头疼的大问题。在多点 DMALL 客户成功部门的张逸飞看来，系统和流程应相辅相成，以系统的逻辑来对应流程的标准化，既要根据实际业务需求及流程来调整系统，也要从数字化思维出发，对业务流程进行重新梳理、改造。

"7-Eleven 的细节管控是一流的，对每个细节都追求极致，仅加盟管理系统就向我们提出了大大小小四五十个需求，其他系统的需求也纷至沓来，涉及多个部门，几乎所有人都在'磕'细节。"张逸飞有点懵：这些需求都能满足，但前提是把系统真正、整体、深入地用起来，否则只是解决了小问题，就好比只是疏通了小溪小河，但因没有融会贯通，还是汇不成大江大河。

作为客户成功部门的一员大将，张逸飞的首要职责就是帮助客户真正用好系统。

怎么办？只能继续"死磕"。张逸飞一遍遍地对齐项目目标及原则、需求预期、需求的重要程度及优先级，抓主要问题，尽可能达成需求共识，确保项目整体节奏的顺利推进。仅是拉出的项目需求管理清单，就包括 34 张多维表格，既有项目的整体进度，也有为 7-Eleven 的 IT 部门对接人单独建立的需求表。

对于如何发挥系统真正价值的问题，张逸飞更是花足了心思：给 2022 年的每个季度设立一个"系统实现——业务实现"的目标，即一季度，数据驱动、任务到人；二季度，自动补货……从而帮助客户更好地把系统应用到业务提升上，聚焦到解决问题层面。比如，在"数据驱动、任务到人"这一阶段，帮助

客户掌握数据看板功能，提示不同岗位要着重关注哪些数据等。

张逸飞感慨："基于云架构、可持续迭代的 SaaS 系统功能真的很强大，如果只是简单使用，很难看出到底强在哪儿，只有在基础功能使用起来后，将系统功能串联、打通、拉齐，才能对它的无穷威力感知一二！"

7-Eleven 的加盟管理采用委托加盟与特许加盟相结合的模式，不同的加盟模式对应不同的结算方案和结算款项，销售之后，双方的利润分成也有不同的管理方式，结算规则复杂、款项繁多，结算阶段流程长，管控难度大。

尤其在总部与加盟商结算单计费及确认阶段，常常因为规则复杂等原因，出现异议和调整诉求，需要线下反复沟通、调整、确认，信息对齐十分困难。

在引入多点 DMALL 的零售云后，整个加盟管理系统被梳理成三个模块，依次为：建立贯通加盟商整个生命周期的专属信息档案；运营环节，加盟商可通过个人账户在移动端实时在线管理店铺、跟进门店生意，对上报问题进行追踪；查阅电子报表和结算单。整个体系变得更加可控、规范而高效，比如，针对结算异议问题，在每个结算周期开始时，系统便同步每个加盟店的结算规则和公式，可进行实时计费和分成计算，结果一目了然，并给调整留出充分的时间窗口。

共创：将细节、精华融入系统

除了加盟系统，在合作过程中，7-Eleven 作为便利店行业的执牛耳者，对行业理解、门店管理、经营要求等方面的先进理念和经验，也融入了多点 DMALL 的数字化系统。

单品思维是 7-Eleven 除特许加盟外的另一个秘密武器。当把单品做到极致时，每一个商品都可以是爆品，一品一功能，一品一市场，一品一客户。通过细化来明确消费需求差异，在经营过程中随时掌握每一个单品的销售动向、库存和趋势，不断调整商品结构，精准预测进货的数量和时间。

"过去，DMALL OS 管理商品的维度是按门店的维度来定产品逻辑，即先看门店位于什么类型的商圈、主要的顾客群体，再定商品类别和单个商品。而 7-Eleven 是以单个商品的维度来细化某个商品在某个时段卖什么价格。"张逸飞说，"7-

Eleven 的管理颗粒度极细，但正是这些细节积累出了顾客的喜爱、客户的信赖、品牌的影响力，塑造了行业的传奇。而我们的数字化系统就是为了保驾护航，将细节、精华融入系统，形成标准化的管理制度和规范，从而令其更加智能和高效。"

以日常店务执行为例，原本盘点、陈列、清理等任务需要由 7-Eleven 的店员在纸质检查表上记录，完成 1 项就在纸上打勾，一个月下来纸质检查表都能厚成一沓。多点 DMALL 将这些执行任务做成了在线任务报表，系统每天按时推送并发出任务提醒，员工需要及时反馈，否则会被自动判断为异常。有了这样的实时在线管理和定时提醒，店员的按时完成率有了显著提高，2022 年一季度，陈列执行的按时完成率较原来提升了足足一倍。

正是通过和 7-Eleven 这样的一流零售企业合作，越来越多的行业领先甚至最佳实践，逐渐融入多点 DMALL 的整套系统，使其能够更好地满足实体零售企业数字化的共性需求。

加盟管理系统，正是基于多点 DMALL 此前服务连锁加盟品牌的经验，再根据便利店业态的特点进行针对性的迭代，强化了总部和加盟商之间的协同。加盟商从入驻申请时提交资质，到审核、合同、审批等全流程，通过小程序在线就能完成。加盟商可通过个人账户，在移动端实时在线管理店铺，跟进门店生意，对上报问题进行追踪；结算时，通过查阅电子报表和电子结算单的方式代替过去的手工结算，结算周期缩短了 13 天，结算人效平均提升超过 60%。

广东 7-Eleven 与多点 DMALL 合作发布会留念

共享：分享最佳实践，SaaS 不只是工具

有人说，7-Eleven 在某种意义上不是一家零售公司，而是一家培训咨询公司。因为它通过不断的培训、咨询和辅导，帮助每一家门店实现不断的迭代升级，最终成就了如今行业执牛耳者的地位。

也有人说，7-Eleven 是一个具有互联网基因的共享经济平台。7-Eleven 日本公司，本身只聘用了 8000 多名全职员工，其余人员全部都是加盟店、制造商和供应商的雇员，由制造商或供应商投资，高频高效地将商品配送到各加盟店的 150 多个物流中心。

多点 DMALL 也从创立之初，秉承共享理念，打造开放的零售企业业 SaaS，融入最新技术、行业最佳实践，不断迭代升级，让中小零售企业也能低成本地享受数字化转型的红利。

此次为广东 7-Eleven 的 1500 家门店及 3 个配送中心上线 DMALL OS，帮助其形成从消费者、门店、供应链、加盟商、仓储物流到总部管理的全流程、全要素数字化，不但让 7-Eleven 以极低成本享受数字化带来的便捷和红利，更将 7-Eleven 的最佳实践以系统标准化的方式记录、复制、传承。

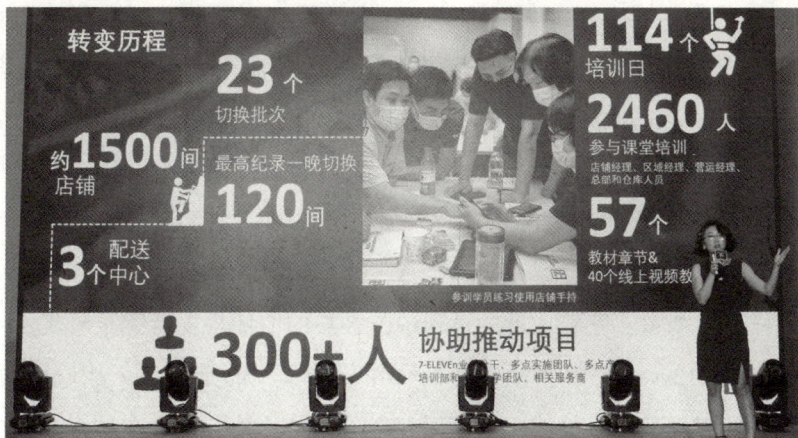

广东 7-Eleven 数字化转型项目经理雷斯雨介绍项目整体进展

多点 DMALL 总裁张峰认为，数字化能让我们复用原来的基础设施，让原来的生产要素得以更充分利用。我们要减少行业重复建设，充分发挥数字化对实体经济的助力作用，采用行业先进的第三方 SaaS 系统是零售企业完成数字化转型的最优选择。全面推动零售业多元化包容发展的核心，在于要有基于数字化的先进平台或 SaaS 企业来真正助力零售企业转型。

"不仅能让零售企业用起来更方便、创新更方便、使用数据更方便，还能直达消费者、直达供应商，能建立自己的私域流量池，复用原来的基础设施，使原来的生产要素得到更加充分利用的，一定是基于数字化时代的、云架构的、新的 SaaS 系统。"张峰表示。

共生：数字化征程，携手才能走更远

要在 1500 家门店、3 个配送中心，完成数字化系统的全面切换，想想就是个大工程。换作以前的 ERP 系统，仅实施周期就得两三年。DMALL OS 要在几个月的时间里完成无感切换，并且不影响门店和仓库的正常经营，可能吗？

"在大家的印象中好像觉得，这么大体量、要满足这么多需求，甚至颠覆过往的商业系统应该很笨重、很庞大，但事实上，作为在零售业积淀多年最佳实践的商业 SaaS 代表——DMALL OS 基于云架构，具有可迭代、标准化、强通用的属性，可以轻松适配几乎所有零售企业的绝大部分需求。"多点 DMALL 合伙人刘桂海强调，数字化对传统零售企业进行解构、重构的前提是不影响企业的正常经营，既不需要企业投入那么多的时间、人力、财力从头研发，也不会影响企业核心业务的正常经营，大大降低了企业数字化转型的门槛、实施难度和使用成本。

在这样互为助益、互相成就的过程中，客户的信任与支持弥足珍贵。用张逸飞的话说："7-Eleven 已经不是简单的合作伙伴了，而是同一个战壕里的战友，大家心往一处想，劲往一处使。系统用起来了只是开始，也是在这个过程中，大家深刻体会到了'数字化是技术，是方法论，更是思维模式'这句话的含义。后续我们要做的事儿还有很多，流程简化、优化、一体化没有上限，永远都有更

好的系统、更好的体验等着我们去优化、迭代。"

多点 DMALL 董事长张文中曾说："数字化时代对所有人而言都是重新发展进步的重要机遇，不仅让我们的企业决策更高效、运营更智能，企业的经济效益也会有更大的、更广泛的提升，特别是传统企业，完全可以在数字化的支持下解构、重构，进入一个新的发展阶段，抓住并享受数字化时代的机遇和红利。"

内外环境的日新月异，对 7-Eleven 而言既是挑战，也是机遇，而全渠道数字化必将成为其迎接挑战、面向未来的有力武装。一个人走得快，一群人走得远。多点 DMALL 将与更多合作伙伴并肩携手，在数字化进程中，勾画共同发展的宏伟蓝图。

后记

7-Eleven 是便利店行业公认的执牛耳者，经市场验证并传承至今的经营理念和操作手册更被誉为"零售圣经"。在与其合作的过程中，多点 DMALL 吸收了 7-Eleven 对行业的深度理解和最佳实践，并将其融入 SaaS 系统，优化升级了便利店整套解决方案，增加了加盟管理系统，不但让"小便利店大连锁""小店与大店共存共赢"轻松成为现实，更为零售企业、品牌商的连锁化发展提供了一套成熟、领先、可落地、可迭代的管理工具。

更重要的是，从传统 ERP 动辄两三年的实施周期，到商业 SaaS 短则几天、长则数月就能交付上线，从自主研发耗时耗力投入产出比极低，到选用成熟专业第三方商业 SaaS 的最优解，从传统系统功能与需求的相爱相杀，到商业 SaaS 的标准化和高适配，正是基于物美、7-Eleven 等行业佼佼者最佳实践经验的融入，多点 DMALL 终于在零售业的数字化转型中趟出了一条低门槛、高性价比的可行之路。这条路在 7-Eleven 等"战友"的最佳实践反哺助力下，正不断迭代进化，越走越宽，越走越稳，以帮助每一个后来者都可以在这条道路上，跑得更快，行得更远。

突出亮点

在 DMALL OS 助力下，广东 7-Eleven 门店销售业绩得到了全面提升。其中：

- 全渠道中台系统：一个中台同时对接多个第三方流量平台，实现了线上线下商品信息、库存、营销实时同步，2021 年 3-8 月，外卖订单量同比大涨超过 300%。
- 加盟管理系统：通过覆盖加盟商合作关系管理、加盟商结算管理等全场景的数字化解决方案，使线下日巡店及巡检完成率超过 95%，订货与盘点效率提升 35%。
- 智能仓储物流管理系统：使广东 7-Eleven 旗下的 3 个配送中心分拣效率最高提效 30% 以上，并可根据不同品类和分拣场景，支持不同的分拣模式，配送和分拣数据实时可视化，工作人员的平均工作时长整体缩短 2 小时。

2022 年 4 月，在广州疫情期间，7-Eleven 的广州仓库处于封控区，无法为广州门店提供配送服务。在 DMALL OS 的支持下，佛山仓库快速接管配送工作，承载量也由原本的约 500 家门店增效到 1000 家以上，为广东 7-Eleven 门店的正常运营保驾护航。

客户证言

便利店是一种对客户需求进行快速响应的零售业态，对人效、坪效、供应链和物流效率有着极高要求。数字化是提升产业链各个环节效率的最佳方案，也是国家鼓励发展的方向。多点 DMALL 对零售有着深刻理解，并且积累了非常丰富的实战经验，能够提供一站式、全渠道、全链路的数字化解决方案，打通零售各个环节，形成端到端的数字化。零售云是一个开放的 SaaS 平台。此次合作双方会将广东 7-Eleven 的成熟经验作为行业最佳实践融合到系统设计中，让连锁管理更标准、可复制，共同打造便利店业态数字化转型标杆。

——广东 7-Eleven 常务董事 温宏杰

【专家点评】钛媒体原总编辑杨瑨：

强强联手的最佳实践对零售业数字化意义重大

在零售业掀起的数字化浪潮中，传统零售企业与数字化服务商处于同一条大船上。尽管零售业近几年集体遭遇了商业环境变革、全球疫情持续的双重考验，但全面数字化的方向没有改变。

在本案例的实践中，多点 DMALL 为广东 7-Eleven 的 1500 家门店及 3 个配送中心上线了以加盟管理体系为核心的 DMALL OS，最终形成了从消费者、门店、供应链、加盟商、仓储物流到总部管理的全流程、全要素数字化，将7-Eleven 的最佳实践以系统标准化方式记录、复制、传承。

7-Eleven 向来以强大的供应链和品控能力，以及追求极致的服务理念闻名于全球零售业。

多点 DMALL 与便利店的一流品牌联手，这样的零售企业数字化最佳实践无疑对整个零售业有很强的借鉴意义。正如该案例复盘中所提及的共识、共创、共享、共生，不仅体现了全球影响力连锁零售品牌对本土流通产业数字化服务商的价值认同，更重新定义了零售 SaaS 在连锁管理领域的系统设计思路与交付标准。

事实上，零售 SaaS 作为典型的面向 B 端服务商，服务成熟客户反而比服务原生云端的小零售企业更难，就是由于成熟品牌与平台已经在原有的信息化体系内建立了一套相对稳固的业务流程与惯例，新的系统如何与实际运转中的业务需求高度融合与匹配？非常考验服务商的智慧。

考验即在系统设计时，双方能否达成两个字——共识，以及服务商能否在数字化改造的过程中做到两个字——无缝。

从这个意义上说，一站式数字化解决方案多点 DMALL 的零售云，在为广东 7-Eleven 进行加盟管理数字化体系搭建的实践中，已经"秀出"了实力。

该落地案例，对整个行业的数字化变革给出几个重要提示：

- 第一，经验与知识沉淀的价值。便利店业态有其特殊性，必须对顾客需求进行快速响应，对人效、坪效、供应链和物流效率有着极高要求。因此，业务流程与店内的业务、人员服务与管理流程（盘点、陈列、上架、结算等环节）是高度碎片化、实时响应的。多年来，7-Eleven 基于实际业务运转验证出的标准制度、管理流程是弥足宝贵的。云与数据服务的价值就在于，可以将这些碎片化的经验沉淀下来，完成经验、标准与知识沉淀，构建数字化系统的"骨肉"，对零售企业已有的基础设施进行高度复用，从而让业务上云后依然无缝运转。

- 第二，要注重客户体验。任何一种零售服务切换到数字化系统，从数据适配、人员使用、升级迭代都面临全新的变化、全新的考验。在上述案例中，系统切换方案比较复杂，多点 DMALL 产研、实施交付、多点学堂、智能物联、BD、客户成功等多个团队协同合作，详细制订 600 多项计划，在正式切换前还进行大量的模拟演练，确保上线成功，极大降低了风险，最终实现了广东 7-Eleven 这样大体量客户的无感上线。

- 第三，数字化升级，往往是"一边跑在路上一边换轮胎"的过程。数字化服务也与过去"软件销售"的思路彻底不同，服务商需要在一站式服务中积累实战经验与迭代能力，最终与客户互相成就。正如多点 DMALL 总裁张峰提出的，在数字化变革中，技术服务商要减少行业的重复建设，充分发挥数字化对实体经济的助力作用。

- 第四，全要素数字化是最终归宿。在该落地案例中，品牌客户 7-Eleven 深厚的零售管理经验与多点 DMALL 提供的一站式服务体验，互为价值锚点。加盟管理系统只是一个很好的开端，成熟零售平台的全要素数字化，仍是一项长期工程，需要由点到面、循序渐进地改造。

随着中国逐渐进入一个数字化服务商百花齐放的时代，众多的服务商开始垂直服务于不同的产业链环节，更有如多点 DMALL 一样的一站式服务商，基于在连锁超市模式中的充分验证，致力于成为零售企业的转型伙伴。

零售业的数字化正处于爆发期，还远未至成熟期这个阶段，任何服务商都应保证开放性。只有开放性成为行业的最大共识，才能让全要素数字化成为现实。

第四节　散客购卡高达 51%，重庆百货依靠一套数字化系统撬动 C 端增长"飞轮"

编者的话

对不少零售企业来说，预付卡业务是经营中的一块"大蛋糕"。一直以来，大客户团购作为预付卡销售的主力军，为商家贡献了绝大部分预付卡业绩。而面向 C 端消费者的预付卡，却一直不温不火。

尤其近两年，随着麦德龙 PLUS 会员店、山姆会员店的风行，让会员价值重新回归，各零售企业开始在存量会员上做文章，预付卡作为一种会员营销手段也被"委以重任"。

但事实却是，面向 B 端客户的预付卡不足为奇，如何通过预付卡撬动 C 端顾客的拉新、留存、促活、复购，增强用户黏性，扩大消费，零售企业为此绞尽脑汁。

重庆百货作为多业态商家代表，通过切换 DMALL OS 预付卡系统，不但贯通了总部对四大业态卡业务的统一管理，制卡流程简化优化，售卡、用卡、卡营销实现线上线下一体化，更是促进了卡业务的全面升级迭代，充分利用品牌资源，创新尝试全渠道品牌卡营销，效果非常好！

2021 年度，重庆百货售卡金额大幅提升 148%，其中散客（C 端零散顾客）贡献 51%，在以团购为主要驱动力的卡业务经营中树立了标杆。

项目背景

重庆百货主要从事百货、超市、电器和汽车贸易等业务经营，拥有重庆百货、新世纪百货、商社电器、商社汽贸等商业品牌，开设各类商场、门店300余家，经营网点遍及重庆、四川、贵州、湖北等地，是中国西部地区百货零售龙头企业。

2020年底，为发展线上线下全场景一体化融合的预付卡业务，扩大会员权益，提升购物体验，重庆百货决定将四大业态一次性切换成DMALL OS卡系统，以期扩大集团的预付卡业绩。

重庆百货大楼

落地案例

2020年12月16日上午8时03分，当重庆百货新世纪超市解放碑新华店的第一位持卡用户顺利结账后，重庆百货+多点DMALL卡系统切换项目组成员悬着的心暂时放下了。

也难怪项目组成员的心悬着，重庆百货是要将老旧的预付卡系统切换为

DMALL OS 卡系统，这一切换动作涉及重庆百货旗下百货、超市、电器、汽车贸易四大业态共计 300 多家门店、360 万张卡、超 10 亿元人民币。在这一过程中，随便哪张卡背后的数据少个 0、小数点错个位，都有可能让整个项目功亏一篑。

第一位持卡用户顺利结账，意味着重庆百货卡系统成功切换，并保证了用户端的无感体验，但这只是第一步。接下来，便是重庆百货内部员工及背后的 POS 系统、财务系统等与 DMALL OS 卡系统的长时间磨合。

打地基做标准化系统切换

卡系统正式切换是从 2020 年 12 月 15 日晚 21∶30 开始的。

也许大家会好奇，卡系统切换不就是换个系统吗？能有多难？

事实上，系统切换容易，系统里面密密麻麻的数据迁移才是切换的重点。这些数据包括重庆百货已经出售的预付卡消费数据和退款数据、已制卡但未出售的预付卡数据、挂失卡的数据等。

总体来说，卡系统切换后，既要保证重庆百货财务数据准确，已经制出的卡还能在新系统售卖使用，又要保证客户手中的预付卡金额不变，能正常消费。

在正式切换前，仅重庆百货卡系统上的数据迁移这一项工作，项目组成员就模拟演练了 3 次。

DMALL OS 卡系统的产品经理钱法灿回忆："每一次演练都是全量数据演练，因为数据量级不一样，迁移过程就完全不一样。每次演练后，方案都要更新调整，比如由于数据量大，重庆百货一次性导不出来，就需要分批处理，这样的话，我们前期部署的应用系统服务器数量就不够，需要扩容，以承载同时并发且多线程的数据迁移工作。"

3 次演练下来，这项数据迁移工作已被多点 DMALL 标准化了，每个时段应完成哪项工作全部被规范串联起来。

钱法灿打趣道："毫不夸张，这简直就是军事演习。"

值得一提的是，作为一家专业零售 SaaS 服务商，多点 DMALL 始终将商家数据安全作为头等大事。在重庆百货卡系统切换项目中，早在重庆百货确认系统部署蓝图时，双方就已经提前界定了数据归属和使用规则，系统切换更多是对数据梳理，并将之标准化和结构化。

时钟拨回到 2020 年 12 月 15 日晚 21：30，由重庆百货技术、预付卡、财务、核算，以及多点 DMALL 产品、研发、实施、客户成功等各部门成员组成的项目组齐聚重庆百货总部，开始了卡系统正式迁移前最后一次步骤宣讲：

- 21：55，项目组成员完成对系统迁移前重庆百货总部及四大业态基础数据的配置检查。
- 22：00，重庆百货所有门店闭店，重庆百货技术组开始导出系统中需要迁移且已在格式、内容、形式、要求、名称等各方面达成一致的数据，并发送给多点 DMALL。
- 23：00，重庆百货财务、核算、预付卡部门完成由重庆百货技术导出的数据差异比对及核实确认工作。
- 24：00，多点 DMALL 技术团队将确认后的数据导入 DMALL OS 卡系统，并对比重庆百货导出数据做最后的差异情况统计，将所有潜在风险扼杀在摇篮里。
- 12 月 16 日凌晨 5：00，项目组成员完成数据迁移后，开始分批、分业态验证，模拟用户用卡消费场景，确保各项流程顺畅，DMALL OS 卡系统与重庆百货 POS、财务系统等对接无误。
- 12 月 16 日 8：00，重庆百货所有门店开门迎客，项目组成员既紧张又期待第一位持卡消费的用户进店，等待"终极大考"。

在第一位持卡用户顺利结账后，项目组成员还没来得及放松，就迎来了重庆百货与多点 DMALL 的"相爱相杀"：一会儿收银员操作有问题了，一会儿重庆百货的 POS 系统出错误了，一会儿总部财务对系统功能不熟悉了……多点 DMALL 项目组成员化身客服，一路"升级打怪"。

直到 12 月 17 日 11：30 左右，卡系统切换后门店正常营业的第二天，整体项目平稳运行，项目组成员才回家休息。

高度紧张、不眠不休，距离 12 月 15 日晚 21：30，已经过去 38 个小时。

系统一次性切换和四大基础改变

其实，DMALL OS 卡系统并不是第一次在商超体系切换。

早在重庆百货切换前，物美、三信等连锁超市已率先完成卡系统的切换和应用。不同的是，当时物美的切换方案是分批进行的，即先在试点门店测试，通过后，再循序渐进分批切换，以避免因系统切换而大范围影响门店的正常经营，但随之而来的是整体项目时间被拉长。

但重庆百货是在四大业态一次性切换卡系统，并且是卡系统第一次适配商超之外的百货、电器、汽贸等多业态。总部做出这个决定后，可让重庆百货卡系统切换项目负责人何刚捏了一把汗。

据何刚介绍，重庆百货四大业态虽由总部统一管控，但在系统开发应用层面，四大业态各有不同，这就意味着各业态的财务系统、POS 系统都不一样。DMALL OS 卡系统除了要满足重庆百货预付卡业务的基础需求，还要额外研发对接四大业态的 POS 系统和财务系统。任何一个流程没有对接上，都将直接影响用户结账和重庆百货总部对财务数据的管控。

基于此，在系统切换前，多点 DMALL 项目组成员同时对接了重庆百货技术部、预付卡、POS、营运、财务等各业务版块，前前后后组织了 7 场培训，覆盖800 多位相关工作人员，又辅以系统使用说明书，实时解答不同场景下业务人员在系统中进行对账、结算、退款等操作时遇到的问题。

回忆起当时驻场重庆百货工作的那段经历，钱法灿心有余悸："面对四大业态的全部门店在几个小时内完成系统切换，以及第二天营业后用户购物无感的目标，为了不辜负重庆百货集团领导、各业态业务负责人、门店一线业务人员的信任，项目组每位成员都压力倍增。组内一位一米八的大男生，第二天趴在'作战室'桌子上眯一会儿的工夫，都被自己做梦处理需求的紧张感惊醒。"

终于，项目组成员在经过 3 个月的调研、开发、测试和演练后，于 2020 年 12 月 15 日晚正式启动切换。

那么，新旧系统交替更迭，究竟在基础业务层面为重庆百货带来哪些变化呢？

- 第一，全新上线的 DMALL OS 卡系统覆盖重庆百货四大业态。一套系统、一个统一管理平台即可实现重庆百货对下属各业态预付卡业务的交易流水、销售信息、财务对账等功能查询，总部管理更高效。
- 第二，系统切换和制卡售卡成本大幅降低。一次性切换方案相较分批切换，极大压缩了项目执行周期。项目组成员不用反复对接不同门店的业务负责人，减少沟通成本。一次性完成新旧系统的数据迁移，从总部到门店不存在"糊涂账"，消费者也可以更快享受到便捷。另外，系统切换后，线上销售电子卡 0 成本。随着整个业务流程的优化，新卡制卡成本降低，相对系统切换前未售出的 100 多万张老卡，大约节省了 26 万元制卡费用。员工在线办公、系统自动生成数据报表、无纸化工作等新模式在人力、物力等资产消耗上也为重庆百货节省一笔不小的支出。
- 第三，优化制卡流程，提高制卡效率：原来，供应商在制卡写磁时，每人每天平均写磁 1000 张；现在，系统升级为自动开卡，15 分钟即可完成 100 万张预付卡的制作和入库。
- 第四，售卡、用卡、营销实现线上线下一体化。卡系统切换后，消费者不仅可在多点 APP 购卡/券、绑卡、充值，还可在线赠送好友，多种卡面风格设计，可满足用户的个性化需求。数字化购物卡丰富了会员权益，帮助重庆百货吸引更多有效会员，增强用户黏性，提升重庆百货预付卡业绩。

下大棋撬动 C 端增长"飞轮"

如今，距离重庆百货卡系统切换已经过去 2 年多的时间，再次回顾整个项目历程，钱法灿总结："无论对用户无感的系统切换方案，还是对商家成本控制的

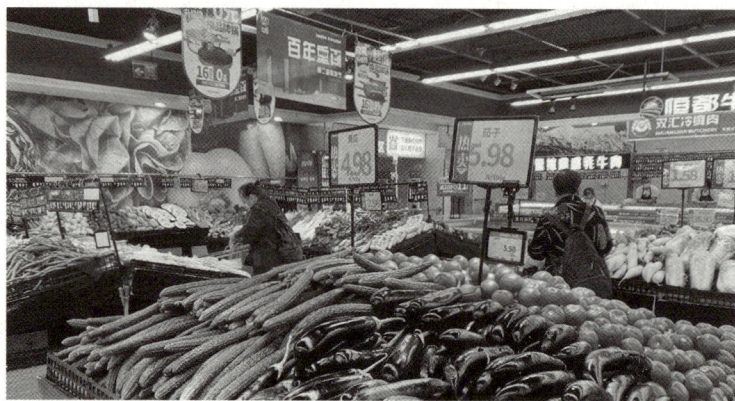

重庆百货新世纪超市门店内景

考虑，再到新售卡流程的落地，多点 DMALL 一直在用新理念、新技术、新流程帮助商家解构重构业务流程。"

多点 DMALL 提供的商业 SaaS 解决方案从来不是一锤子买卖。就拿预付卡业务来说，系统切换后，重庆百货的数字化能力边界不断突破，在原有基础上，赋能 B 端的提货券业务和联合品牌开展的预付卡营销能力得到全面提升。

2022 年一季度，重庆百货启动由多点 DMALL 提供的全渠道品牌卡营销方案，线上线下一体化，充分利用品牌资源，拉动商品销售额。在多点 DMALL 的策划、支持下，重庆百货联手海天、RIO、伊利、联合利华等品牌商推出全渠道品牌卡，用户使用全渠道品牌卡购买品牌商品可享折上折，293 个商品集中对用卡用户让利 5%，以较小成本撬动超过 20 倍的商品销售额。

这一项目的成功，使重庆百货原来以企业购为主要驱动力的品牌卡业务经营，迅速转向并撬动 C 端的增长"飞轮"，树立了行业标杆。全渠道品牌卡一举两得，既直接带来销售额提升，又达到激活老客和吸引新客的目的。对用户而言，会员权益叠加，购物体验提升；对重庆百货和品牌商而言，在一定程度上用卡"留"住了用户，提高了会员忠诚度，高客单和复购率也随之而来，还可以通过品牌卡的营销活动进行更精细化的用户运营和商品营销，卡系统的价值得到最大化地释放。

"这正是零售 SaaS 解决方案云架构的优势，卡系统与会员系统、营销系统、商品系统彼此连接，各业务场景相互碰撞，互联互通打破信息孤岛，提升整体业务链条经营效率。"多点 DMALL 合伙人刘桂海如是说。

虽然 C 端的售卡销量节节攀升，但多点 DMALL 并没有放松对卡系统赋能 B 端业务能力的持续打磨。

面向 B 端的福利礼品业务还有一个特定使用场景，即限品类、限门店的纸质券，如中秋节月饼提货券。重庆百货之前的流程是，门店提交印制需求，经由总部批复后，门店自主印刷提货券，印多印少总部无法进行数据管控，门店将提货券销售给了谁、销售了几张，流向不可查；顾客拿到提货券之后是否使用、使用多少次、买了什么也不可追溯。现在，卡系统可全流程管控门店发行和核销的纸质券，杜绝线下人工核销，提升制券核销准确性，降低风险，保障资金安全。

在卡系统切换后，重庆百货又相继切换了 DMALL OS 招商系统、陈列系统、会员系统，并于 2021 年 5 月 31 日完成重庆百货超市业态整个 DMALL OS 的切换。

对已走过百年征途的重庆百货而言，全面拥抱数字零售之路道阻且长，正如多点 DMALL 董事长张文中所说，数字化是一个长期过程，今天迈出的只是万里长征的第一步，处在历史进程中的 1%～2%。多点 DMALL 也将始终与重庆百货及众多零售企业的合作伙伴一起，以回归商业本质为指导思想，用数字化的理念、技术和方法彻底解构重构零售业，支持商业全面数字化。

后记

51% 的预付卡被散客买走。这样的成绩出乎包括重庆百货在内的所有人的意料。

散客为什么要购卡消费？零售企业又为什么非要把预付卡卖给散客？

从表面上看，通过联合品牌方给予一定的折扣优惠，吸引散客先买预付卡再消费，零售企业和品牌商可以获得资金的快速回笼和沉淀，但事实上，预付卡下的是一盘大棋：以卡为媒，留住新客，激活老客，通过引导顾客保持购物频次，获得更多触达用户的机会，建立更精准的用户运营，培养高黏性用户，并以更低成本为品牌方提供更丰富的营销资源和更出色的营销效果。

这才是预付卡的真正价值。如何发挥这一价值？如何给预付卡提供高效助力而不是拖累？DMALL OS 卡系统以可持续进化升级的方式交出了不错的答卷。这也是多点 DMALL 作为商业 SaaS 的一大核心优势：基于来自行业的最佳实践经验，根据市场发展和用户消费趋势的变化，不断迭代优化，满足并引领行业发展。

更重要的是，卡系统不只是 DMALL OS 中的一个子系统功能，更通过与其他业务场景的交集、碰撞，将品牌营销、会员体系、用户运营等关键环节串联起来，既完成了自身对销售业绩及经营能力的使命，又联动上下游企业撬动更多 C 端用户获取更多精准营销的机会。

这也是基于云架构的商业 SaaS 的一大显著优势：所有环节数据互联互通，通过打破信息孤岛，提升运营效率，优化用户体验，促进全链条飞速增长。

突出亮点

2020 年底，在重庆百货的四大业态全部切换为 DMALL OS 卡系统后，2021 年度预付卡业务经营成效显著：

- 第一，年度售卡金额大幅提升 148%，其中，51% 的预付卡被散客买走，突破预付卡以团购为主的行业现状。
- 第二，年度预付卡消费金额增长 91.7%，仅重庆百货世纪卡（预付卡的一种）就为四大业态总计带来 670 万订单。
- 第三，电子卡的月活跃客户量进一步提升，为深化会员线上线下一体化运营打下基础。

客户证言

DMALL OS 卡系统为重庆百货提供了完善的预付卡（券）数字化管理和经营解决方案，包括制卡（券）、售卡（券）、消费、管理等各个环节，使重庆百货多元化、多渠道、多业态销售能力更上一层楼，在促进重庆百货预付卡销量提升的同时，也为顾客提供了多方式、多场景的消费用卡、用券服务，包括 O2O、到店智能购、银台秒付等，真正实现助力 B 端、服务 C 端的目标。

——重庆百货大楼股份有限公司信息总监 段晓力

【专家点评】龙商网超市周刊总编缉高建成：

做活存量，吸引增量，提升销量

在增量越来越难做的当下，如何把存量盘活、做好，怎样找到新的增量，成了零售企业的必备技能。

通俗点说，这其实是一个怎样留住老用户，如何开发新用户的问题。会员卡则是解决这个问题的关键一招。

会员卡，特别是预付卡，不仅让企业有了资金沉淀，同时更是激活老用户、留下新用户的有力工具。但怎样激活老用户，又如何让新用户购买，背后需要的是系统性的支持。

通过分析、研究重庆百货的案例可以发现，在预付卡这个领域，2021 年度，重庆百货获得了令人羡慕的成就：

- 51% 的预付卡被散客买走。
- 重庆百货售卡金额大幅提升 148%。

- 年度预付卡消费金额增长 91.7%。
- 售卡、用卡、营销实现了线上线下一体化。

如此骄人的业绩是怎么做到的呢？

总结重庆百货的经验发现，其对预付卡的定位可以用 12 个字概括：做活存量，吸引增量，提升销售。帮助重庆百货完成这一业绩的功臣，正是 DMALL OS 卡系统。

随着新零售的热潮袭来，传统零售企业逐渐在互联网时代掉了队。这不禁让人思考，到底是什么拖了传统零售企业的后腿？

毫无疑问，互联网时代任何行业都必须接受网络化、数字化的变革与冲击。这既是一次经营革命的挑战，也是一次创新发展的机遇。事实上，很多传统零售企业已经意识到了数字化改造的必要性，也在积极主动地推进数字化进程，但说起来容易，做起来难，传统零售企业急需找到一个助力者，快速补上数字化这块短板。

但每家企业对数字化的需求不尽相同，选择大而全的赋能者，意味着投入产出比不对等，会造成浪费。

多点 DMALL 极好地解决了这个问题。

目前，多点 DMALL 的赋能模块包含电商 O2O、手机工作台、会员系统、商品系统、供应链系统、鹰眼系统、线上线下一体化系统等。

这样的模块构成，让多点 DMALL 不再局限于为零售巨头赋能，一些区域龙头零售企业也可以尝试多点 DMALL 的部分数字化产品。

重庆百货数字化改造的成功，正是得益于多点 DMALL 的会员系统模块，根据企业的不同需求，为企业定制所需的数字化模块，这是多点 DMALL 的拿手本领。

这一点在当下尤为重要。

尽管重庆百货选择的只是多点 DMALL 的一个模块，但多点 DMALL 却能提供多方位支持，这对传统零售企业来说无疑提升了性价比。

这或许就是越来越多的传统零售企业选择多点 DMALL 的原因所在。

第五节　33 万个资源位被数字化后，中百仓储招商效益同比增长 19.7%

编者的话

商品采购、卖场资源位招商作为零售供应链管理的开端，是零售企业通过选择合适的商品和供应商构建供应链竞争力的核心环节，更对后续的陈列、销售有着举足轻重的影响。但在当下，传统零售企业的招商工作普遍面临采购工作流程长、效率低、成本高，招商竞价性不高、流程不透明，业绩增长不明显等行业痛点。

不仅如此，超市中的资源位要么因卖超了而相互扯皮，要么类型单一，售卖失衡，白白损失，再不就是好不容易分配好了，又执行核检不到位，惹得各方不满，说是"守着金山要饭"也不为过。作为较早进行数字化转型的零售企业代表，中百仓储的招商系统能否经数字化"点石成金"呢？

项目背景

中百集团是以商业零售为主业的大型连锁企业，旗下拥有综合超市、社区超市、24H 便利店、购物中心、电器专卖、智慧物流、食品工厂、零售科技、塑料制品生产等多种业态，网点数量和经营规模位居湖北市场企业前列，形成了以商业零售为主，以数智科技、物流配送、食品加工、环保包装为后台保障支撑的现代化商业生态体系。

2021 年，中百集团进行全面数字化转型，其中一项重要工作就是推进智能供应链建设。在招商环节，通过上线 DMALL OS 招商系统，帮助中百集团采购、招商业务全流程在线化、网络化和数字化，强化总部监管，推进零供合作公开公正透明，最终实现"阳光采购"。

落地案例

2022 年初，中百集团旗下超市业态——中百仓储年货节的招商金额较 2019 年底（疫情前）增长 19.7%。

这样的数字，在疫情反复、连锁超市业绩增长普遍承压的背景下，为中百集团迎战 2022 年春节销售旺季开了个好头。年货节招商对中百集团而言，是检验 DMALL OS 招商系统价值的试金石。

5 个月攻坚，事成！

位于武汉常青路的中百仓储首家数字化标杆店

传统招商痛点待破除

"老张，五一黄金周销售旺季要来了，公司马上会对卖场核心资源位公开招商，你心里要有个数啊！"

看似随意的一句话，暴露出传统零售业的诸多痛点。

- 一是采购工作流程长、效率低。传统零售企业的采购人员往往通过邮件或线下招商现场报价等方式与供应商沟通，流程冗长繁琐，交易成本高，招商周期长。
- 二是很难找到"最优供应商"和"最优价格"。因整个采购流程费时费力费钱，导致采购难以"广撒网"，既难以选出最合适的商品和供应商，也难以满足生鲜等品类及时响应市场变化的需要。
- 三是因部分招商流程不透明造成的管理盲区，尤其对大型零售连锁企业而言，门店在具体资源位的分配及后续落地执行核检上，仍有较大操作空间，即"人治"漏洞。

2021年底之前，中百集团与国内其他零售企业一样，按照传统的招商流程工作，尤其在联营招商时，食品百货部资源位招商经理特别苦恼，为更好地精准管理资源位而绞尽脑汁，却始终没有什么起色。

通常来说，在招商前，商家资源位梳理会先由门店工作人员统计提报，经采购品类部汇总后，交给采购经理售卖。工作经验越丰富，工作态度越认真，人工统计出来的资源位数量就越准确；反之，则容易出现偏差。这就难免会出现采购经理按报上来的资源位数量招商，却在实际执行时发现资源位卖超了的情况。摊上这种事儿，就算集体翻旧账，也很难掰扯出个一二三四来。

容易出错的还不只是数量，门店店员通过传统手工棚格图来绘制门店资源位，不但工作量大，还极易出错。尤其赶上过年过节，超市生意火爆，黄金位置有限，门店需要根据现场情况实时调整黄金位置。这就更没法儿按手绘的棚格图来落地执行了，一张图起码要改个十七八遍，甚至改到面目全非，到最后，谁也搞不准资源位到底给了谁。

即便好不容易把资源位分配妥当，若是执行不到位、核检不上心，说好的资源位没落地，或者陈列不合格，就更容易引发各方推诿扯皮。

事实上，自 2017 年以来，中百集团就尝试在消费者端做数字化变革，无论是到家业务对卖场进行整体数字化改造，还是增设智能购服务，探索会员数字化，都成效显著，创下了线上业绩连续 5 年两位数增长的好成绩。2021 年，作为专门投资 1 亿元人民币成立武汉数智云科技公司的重点项目，中百集团招商系统的数字化改造同样被寄予厚望。

数字化赋能：精准管理 33 万个资源位

大象转身从来都不是一蹴而就的。越是体量大的企业，业务层级就越复杂，涉及人员越多，往往牵一发而动全身，推动变革十分困难。

相比于大象，蓝鲸才是地球上体积最大的动物，可蓝鲸却比大象更容易转身。因为蓝鲸在水中游动，水流将蓝鲸包裹其中，所以蓝鲸借助水流的力量，就可以做到转身自如。

中百集团呼唤能够"托"起企业业务效率的数字化工具，多点 DMALL 全渠道、端到端的零售 SaaS 解决方案便成了这股"水流"。

DMALL OS 招商系统项目的产品经理杨静回忆："2021 年 8 月，我们与中百集团成立了项目组，全方位调研、走访招商人员，了解业务现状和目标后，最终在招商系统原有的产品架构和技术基础上，快速为中百集团升级适配了最优解决方案。"

不到两个月的时间，DMALL OS 招商系统的"生鲜报价"模块便正式在中百集团生鲜商品采购工作中投入使用，并于 2021 年 11 月在食品百货事业部实现"促销资源位招商"新场景拓展，招商收益超目标完成 7%，较 2019 年底增长 19.7%。

2021 年三季度，共有 285 家供应商通过中百集团招商系统投标，278 家供应商多次报价，占比 97.5%，在 776 份标书中有 60% 出现多次报价，招商系统竞价性较以往成倍提升。与此同时，中百集团采购业务实现全流程在线化管理，审批效率大大提升，单个招商项目最快 3 天即可形成闭环。系统运作、数据留痕、全程可溯，降低了人工干预，实现公开、公正、统一的阳光采购，加强了总部制约。

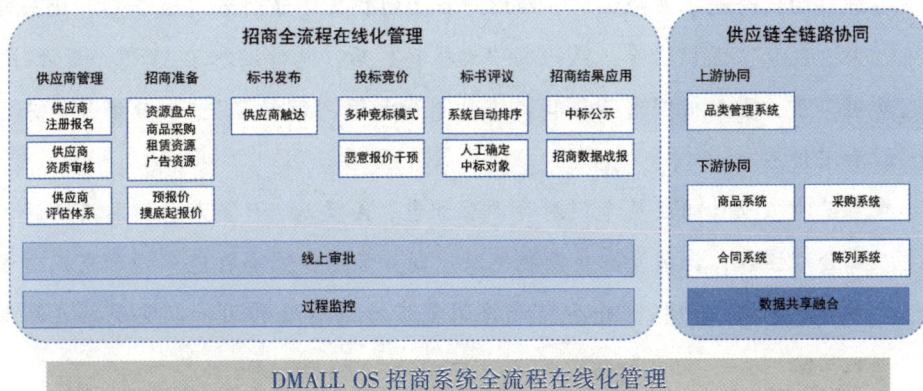

DMALL OS 招商系统全流程在线化管理

这样的效果背后，项目组成员可没少费工夫。

招商工作数字化的第一步，是要让整个业务流程的全要素在线化。在联营招商准备工作中，门店资源位分类盘点、收集管理、在系统上图落位是整个项目的重要一环，资源位在系统中的覆盖面、准确度和组合方式将会直接影响后续招商工作的实际效果。

"前期的资源位梳理是一项大工程，当时中百集团的小伙伴都崩溃了，数字化不应该是让工作更加简洁、高效吗？现在怎么背道而驰了呢？"多点 DMALL 客户成功部门的李政也跟着"头疼"，"我们反复和中百集团的小伙伴沟通，这是数字化过程中必不可少的一步，只有过了这个坎儿，招商业务后面的全流程在线化才能逐渐跑通捋顺。"

原来，每到换季招商，门店工作人员都是凭经验手工估算资源位，数量和位置常常对不上号，资源位类型单一，只有堆码和端头两种，白白浪费了卖场其他资源位的招商机会，A 类店资源位供不应求，B 类店、C 类店的资源位却无人问津，造成售卖失衡。

现在，有了 DMALL OS 招商系统的加持，原本经验丰富却苦于没有"现代化武器"支持的中百集团采购团队，瞬时精神起来。

- 第一步，在中百集团的协调下，多点 DMALL 与中百集团 165 家门店重新梳理资源位，前后经历不下十次"统计–校验–统计"循环，并结合过往合作的优秀商家实践经验，帮助中百集团扩充了 7 种资源位类型，比如侧架、包柱、促销墙等，第一次"大排兵"后，总计汇总了 33 万个资源位。

- 第二步，重新梳理采购逻辑，给每个资源位"贴标签"，细分编号、分类和定价。

- 第三步，项目组成员专门对资源位组包，A 类店、B 类店、C 类店的资源位合理组合，优质资源位互相关联，弱势资源位统筹打包，增加采购对供应商谈判的主动权，并尽可能将闲置资源位有效利用，以实现效益的最大化。

- 最后一步，统一将资源位在招商系统布局中上图落位，保证线上线下数据统一，采购人员按图施工，理货人员按图执行，手机工作台拍照上传，自动核检陈列是否到位。

一系列组合拳环环相扣，DMALL OS 招商系统通过"采购招商全流程数字化管理、实时竞拍、透明监管、零售全链路协同"的完整解决方案，极大提升了中百集团采购招商的公开性、竞价性和透明化程度，提高了采购招商管理的规范化、精细化水平，实现了"降低采购成本、增加经营收益、提高供应链效率"三大目标。

正如多点 DMALL 客户成功部门的穆振锋所说："中百集团不仅仅是上线一个招商系统，多点 DMALL 更多是从商家经营层面帮助系统与业务更好地结合，利用系统变革，撬动业务流程和组织架构的变革，使数字化系统真正在商家落地生根，开花结果。"

"集大成"的 SaaS 系统：融入零售最佳实践

之所以能取得这样亮眼的成绩，离不开 DMALL OS 招商系统在中百集团上线之前已在物美积累下的 2 年多的成功运营经验。结合中百集团采购、招商业务的实际情况，多点 DMALL 产研团队又主动对产品进行了新一轮升级，以最优解决方案更好地匹配业务场景，功能越来越完善，采购人员的工作效率越来越高。

杨静介绍道："中百集团使用的招商系统可以说是'集大成'版本，我们重构了整个联营招商页面，让产品说话，使参与业务流的每一位工作人员都能通过系统提示，知道自己的工作重点，较好地把控时间节点。此外，针对不同商家业务逻辑和对信息管理的特殊要求，产品在功能上也会存在差异。"

为此，多点 DMALL 特意提早交付，留出更多时间让系统与业务充分磨合，实时支持中百集团在实际业务过程中的优化需求。

就拿生鲜品类招商来说，由于生鲜商品强调产地属性，价格会因产地不同而存在差异，比如安徽砀山梨和河北赵县的雪花梨价格就不同，中百集团希望系统也能加入线下商品按照生鲜产地报价的方式，竞价更为准确充分，采购选品更优。针对这一新需求，项目团队仅用短短一个月的时间就完成了系统的调研、评估、研发和上线。若在 ERP 中实现类似功能，起码需要专业团队投入数年，不断摸索试错，方有可能达成。

中百仓储超市生鲜区

正是在这样一次次具体的业务实践中，招商系统的产品颗粒度不断被拆分细化、解构重构，逐渐向行业最优解决方案靠近。

除了物美和中百集团，麦德龙也尝到了 DMALL OS 招商系统的"甜头"。

在上线 DMALL OS 之前，麦德龙招商系统和商品系统分别独立，招商完成后，工作人员还需要将商品信息手动录入商品系统。现在，招商系统与商品系统打通，数据可实时同步，麦德龙不需要再花费精力去维护商品数据，多条业务线顺滑链接，打破了此前相互割裂的数据孤岛局面，效率得到极大提升。

在深度融合物美、中百集团、麦德龙等商家多元业务场景的最佳实践后，DMALL OS 招商系统在整个零售行业招商业务流程中的通用性得到进一步增强。

作为零售供应链管理的核心枢纽之一，招商系统上承品类管理和商品的淘汰出清，根据品类评估实现商品的动态更迭；下启合同、陈列、商品、采购，自动创建合同，调整陈列资源占比，实现系统间数据共享融合，打破信息孤岛，形成数据合力，实现高度集成联动的产销协同，动态高效适应市场最新变化，为供应链高效协同奠定坚实基础。

多点 DMALL 董事长张文中曾表示：低水平的数字化救不了零售企业。高水平的数字化要依赖行业统一的零售 SaaS。零售企业要想在数字化时代生存壮大，必须进行彻底的改造，并且要接受一个全新的系统支持，采用先进的第三方 SaaS 替代老的 ERP。这是数字化的基础。

中百集团数字化变革，正是选择了与第三方零售 SaaS 解决方案提供商多点 DMALL 合作，从 2017 年底至今，坚定不移地遵循这条变革路径，并从消费者端的数字化逐渐向产业端深入。招商系统的上线，只是其中一个小小的缩影。

后记

很多人都说零售企业的数字化转型是"一把手"工程，对，但不尽然。只有"一把手"的坚定决断还不够，还要有执行标准到位和落地后的复核优化。在中百集团数字化转型中，项目实施团队的 5 个管理动作或许值得借鉴。

- 管理动作一：组织项目中期评审会，强化"一把手"工程。
- 管理动作二：执行三方会议机制，保障业务落地不变形。

- 管理动作三：组建项目变更小组，执行监管机制。
- 管理动作四：深入业务一线，做实做细。
- 管理动作五：自上而下统一思想，强化战略项目的宣传氛围。

正是多点 DMALL 和中百集团从上到下、由始至终对数字化转型的一以贯之，才能让数字化真正发挥价值，才能有今天这样的丰硕成果。

通过上线 DMALL OS 招商系统，中百集团实现了招商业务的在线化和数智化，但这仅仅是数字零售时代新型智能供应链中的一环。

上游承接品类管理，下游贯穿合同计费、商品陈列、订收退等供应链全流程，在各项业务环环相扣的背后，是看不见的 DMALL OS 招商系统与选品系统、合同系统、智能陈列、自动补货等系统高效协同、支撑发展，精准提升门店新品引入效率，有效管理货架排面，降低库存周转，提升商品品效。最终，通过引入手机工作台，实现门店经营管理全流程数字化、在线化、移动化、智能化。

作为赋能零售企业数字化转型的拓荒者，7 年来，多点 DMALL 躬身入局零售企业经营全链条，自主研发了数智化操作系统 DMALL OS，为零售企业提供完整的商业 SaaS 解决方案。智能供应链系统正是其中的拳头产品。

如今，数字化供应链已不是零售业的一行之事。《人民日报》曾刊文：数字化供应链以数字化手段提升供应链的速度和效能，不仅为企业带来经济效益，而且在更大范围内、更深层次上影响国民经济循环的速度和质量，提升流通效率，是推动居民消费升级的题中应有之义。

突出亮点

- 第一，招商降本，增收提效。2022 年初，中百集团年货节招商收益超目标完成 7%，较 2019 年底增长 19.7%。
- 第二，提升企业管理效益。招商系统使中百集团采购招商工作全程公开透明、实时监管、数据留痕、全程可溯，确保公平、公正、规范。

- 第三，业务可拓展性显著增强，奠基全链条数字化。招商系统的持续迭代升级，增强了与合同、选品、陈列、供应链等系统协同，形成智能业务闭环，为中百集团供应链的全链条智能化奠定坚实基础。

- 第四，在线招商升级为零供协同方式，拓展人人在线、物物在线、事事在线的边际，推动数据共享，实现业务共赢。

客户证言

作为集团智能供应链建设的重点项目之一，DMALL OS 招商系统上线后，食品百货事业部在年货节招商中率先享受到了数字化系统的红利。在多点 DMALL 项目团队的大力支持下，融合系统中其他零售企业的优秀实践经验，用数字化的思维和技术解构重构了整个业务流程，重新梳理出完整的数字化招商管理和经营方案，这才在 2022 年初的年货节招商中一炮打响。

多点 DMALL 为中百集团提供的不仅是一套系统工具，还以 DMALL OS 标准功能为基础，坚持数据驱动，打通重点环节，助推中百集团技术+业务双轮发展。

——中百集团仓储食品百货事业部副总经理　王俊岩

在 DMALL OS 招商系统中，"生鲜报价"模块从无到有搭建了中百集团生鲜采购线上竞标平台，优化了生鲜商品报价模式，提升了生鲜商品经营优势和毛利润表现，全流程业务在线化、规范化和标准化程度有了质的飞跃。

- 第一，有效规避线下竞标的人为干预，提高竞标采购的科学性、信誉度、可操作性。

- 第二，实现及时、准确的竞标结果呈现，能够在招标截止的第一时间呈现结果，较线下人为比对更及时、更高效、更准确，实现招标结果的高效反馈。

- 第三，实现对报价综合信息、招标结果的历史数据查询，能够随时查询、输出历史竞标中标价格、中标客户等信息，避免线下对不同档期的归档整理。
- 第四，具备更好地对竞标结果的其他利用，比如对供应渠道的考核与淘汰、价格趋势分析等，更好地进行客户管理和经营分析。

——中百集团仓储生鲜加工事业部副总经理　张志刚

【专家点评】中国连锁经营协会秘书长彭建真：

更坚定地走上数字化转型之路

　　数字化在零售业已经算得上是共识了，在消费者需求的影响下，在新技术的支持下，零售和消费品行业的数字化和智能化转型在进一步加快。同时，对于很多零售企业来说，性价比是数字化转型中不得不考虑的问题：需要投入多少人力物力，多久见效，效果如何？多点DMALL通过实践案例的呈现，正在给出一份答卷。

　　也正是由于性价比的原因，零售企业往往会先尝试在营销等前端（消费端）做数字化转型，忽视了后端（产业端），特别是供应链数字化的投入。多点DMALL与中百集团合作的这一案例，无疑证明了后端，特别是前/后端打通的数字化转型，对零售企业整体降本、提效增收有着举足轻重的意义。

　　数字化切实解决了中百招商陈列的痛点，盘活了资源，增加了效益。在双方的合作中，我们可以看到，多点DMALL作为技术服务商，提供的价值远不止软、硬件的技术支持，而是作为能够针对特定场景、需求与终端客户合力研发的合作伙伴，以融入零售业最佳实践的"集大成"SaaS系统，使数字化系统真正在商家落地生根，开花结果。这也是数字化转型进程中的发展趋势之一。

　　在整个产业端，以零供协同共赢为出发点，无疑还有很多痛点、增长点值得挖掘。相信这也是多点 DMALL 以及更多零售科技服务商，未来持续投入钻研和创新的目标与方向。

数字化转型实在是一件正确而不简单的事，可谓道路坎坷，前途光明。在本案例实践中，招商工作数字化的第一步，是要让整个业务流程的全要素"在线化"，将 33 万个资源位重新梳理，难度可想而知。这就好比将过去十几年的纸质资料在短时间内根据一定的规则输入电脑，并使其信息化、数字化，且能被计算、联动，发挥数据价值，助力业务决策，过程不可谓不难，但只有过了这一关，走在正确的方向上，才能迎来更大的发展优势。

零售企业未来的竞争力，来源于数据驱动，我们不妨更坚定地走上数字化转型之路。

第六节　新百连超"企业购"引发数字化转型齿轮效应

编者的话

你能想象，一家涵盖百货商场、综合购物中心、超市连锁、电器及通信连锁、物流、商业、物业等近十种业态，开设317家实体经营店铺，既服务C端普通消费者，又服务B端政府/企业/夫妻店，占据当地70%以上市场份额的区域零售龙头，该如何借助数字化完成业务的创新突破吗？

区域集中，业态多元，模式复杂，客群丰富，这样的场景不是个例，而是中国众多区域零售龙头企业的缩影。

单以服务客群为例，B端企业客户与C端用户显然是两套完全不同的服务体系，C端的零售价格肯定与B端的团购价格不一样，甚至不同的B端企业客户也有不同的团购价格、不同的商品需求，并面临不同的结账周期。难道，要在服务C端的零售系统上重建一套，甚至无数套服务B端企业客户的系统和设施吗？

我们谨以在新百连超上线的DMALL OS中企业团购（企业购）订单模块为例，管中窥豹，看基于云架构的数字化系统如何助力区域零售企业以团购（企业购）为支点，在保留自己原有商业优势的同时，拉齐零售企业与京东等大型互联网电商企业的企业团购能力，并进一步进化到数字化时代线上线下一体化零售的模式。

项目背景

新华百货是宁夏乃至西北地区较大的商业零售企业，经过多年并购、整合和自主开发，逐步形成以银川为中心，立足宁夏，以陕、甘、蒙、青等省份为主的连锁销售网络体系。

2021年，新华百货旗下的超市业态新百连超主动变革，将老旧的 IT 系统全部切换为 DMALL OS。其中，在占新百连超 25% 营业额的企业团购业务实践中，DMALL OS 子模块——团购订单系统成绩斐然。

新百连超大卖场

落地案例

每一个需求都不大，每一项功能都务实，但在将满足很多个需求的多项功能综合在一起时，既不是横向的简单相加，也不是纵向的逐层递增，而是纵横交错、环环相扣，既让人慨叹天下没有容易的事情，又对数据技术颠覆传统而心生敬畏。

从纸质销售订单到 APP 和小程序

收到 HR 部门推送过来的员工端午福利小程序，小杨半分钟不到，就把父母家的收货地址填好并提交。如果不出意外，这份包含 1 桶花生油、1 袋大米和一提粽子的员工端午福利后天就能送到父母家，这比之前公司发提货券，再到超市排队提货，肩挑手扛拎到父母家，不知道省了多少事儿！

在"万物皆可到家"的时代，这样的"进化"看起来似乎不值一提，但在这背后，却是新百连超为持续优化客户体验而以团购为切入点所进行的数字化系统全面迭代升级。

2017 年之前，新百连超的企业团购业务还依赖于人工记账的纸质单据，因为企业团购价格与门店零售价格不同，门店销售在 ERP 系统中没有变价权限，只能将团购客户的需求手动记录在纸质销售单上，再通过指定入口录入 ERP 系统，繁杂程度可想而知。再加上经办人的专业、经验及责任心参差不齐，人工记账的各种意外、遗留问题层出不穷，随着团购品类及数量越来越多，新百连超终于把纸质单据搬到了电脑上，用系统下单代替人工记账，这样一来，团购客户的下单效率明显提升，团购单量也水涨船高。

原以为大功告成，但还没来得及高兴，进销存部门却最先犯了难：

- 团购订单太多，又没提前做预案，采购该按什么数量备货？
- 团购客户是客户，散客也是客户，但商品不够卖，总不能只顾团购客户不管散客吧？

财务也跟着叫苦：现在是不用一张张核对纸质单据了，但结算流程一点没少，还是需要挨个儿核对每一笔订单的实际核销情况……

新百连超信息中心的负责人张鲁川觉得问题没那么简单：用电脑系统代替人工记账，看起来好像更准确、更高效了，但实际上，只是记账工具发生了变化，本质上并没有改变各业务板块单打独斗和各业务部门各自为政的现状。说白了，只是头疼医头，脚疼医脚，不仅可能延误病情，还可能埋下更大隐患。

怎么办？既要看到团购业务眼下的痛点需求，还要看到整个业务体系的统一布局；既需要独立解决问题，又需要与整个业务联动协同。在实体零售中摸爬滚打 7 年的多点 DMALL 太明白这一点了。这也是多点 DMALL 的 CTO 杨凯在设计 DMALL OS 之初反复强调的：全渠道，一体化，端到端。落到新百连超团购业务上，就是上线团购订单系统。

既然新百连超要服务多个团购客户，且每个团购客户的需求都不尽相同，那就给每个团购客户都定制一个专属团购商城，商城内的商品、价格、额度、核验方式等均可通过后台一键设置，轻松调整，但所有团购商城又都隶属于新百连超团购业务板块之下，每一笔订单的下单、履约、结算都与整个儿 DMALL OS 无缝连接，实时可见。这样一来，别说进销存都据可依、进退自如了，财务结算也全程在线、清晰明了。

当然不只是这样。考虑到团购客户大多是员工福利，不管是发福利券还是实物，都需要公司批量发放、员工登记自提，其中牵扯的人力、物力、时间成本不言而喻。能不能让员工自由选购、一键配送到家呢？

必须能。新百连超协助团购客户在后台填写关键参数生成微信小程序链接，在推送给员工后，凭借员工姓名、手机号识别身份，自主选购、下单、填写地址并提交，就跟员工自己在 APP 上购物一样。

一边是团购客户坐等收货，另一边是新百连超收到团购订单中的待履约订单，DMALL OS 联动上下游供应链马上行动起来：先是库存补货系统自动判别是否触发大仓安全库存及补货数量，接着根据单个订单地址匹配履约门店，并自动将订单信息同步给围栏范围内的履约门店，假如有订单地址超出现有门店的履约范围，那么新百连超可自主指定门店或大仓为履约配送"兜底"。

就像齿轮效应一般，一个齿轮转动，必然会带动下一个齿轮转动，一个"团购订单自主配送到家"的需求齿轮，就这样把数字化赋能的新百连超团购订单业务带了起来。

从一本糊涂账到人人、物物、事事在线

在确认了前台需求中台联动后，后台的结算核销问题也提上了议程。

作为一家涵盖百货商场、综合购物中心、超市连锁、电器及通信连锁、物流、商业、物业等近十种业态，开设 317 家实体经营店铺，服务客群大至政府企业、小至夫妻店路边摊，占据当地 70% 以上市场份额的区域商业龙头，新百连超的业务范围和服务对象不可谓不广。既要根据不同业态制定不同销售策略，又要根据不同客户需求给予不同销售方案，根据不同客户特征约定不同结账政策，还得让所有订单销售有据可查，有票可依。这样的要求在之前简直是不敢想象的。

张鲁川回忆：团购业务刚开始时，虽然会签纸质合同，但先买后付的赊销方式还是给后续订单的核销及结算留下不少麻烦。

- 首先，客户付款日期基本都看财务结算节点，比如 1 月初的订单和 6 月底的订单可能都需要在 7 月中旬财务半年度报表中结算完毕，可事实上，6 月底才下单的客户可能还没开始核销。

- 其次，客户为员工购买的节日福利券未在有效期内全部、足额兑现完毕，财务结算就必须以实际兑现履约的订单总额为准，倘若实际履约低于一定金额，则有可能到不了团购起订量，那就需要重新调整合同方案。

- 再有，若客户批量采购一批办公设备，但大仓库存不足，是否可以分批履约配送、分批结算？给员工的 300 元自由选购福利券，超额部分是否可以支持员工混合支付？每月食堂的 500 元饭补是不是也可以在团购商城自由选购？

铺天盖地的问题都向张鲁川一股脑儿地"涌"过来，可不管问题多复杂，DMALL OS 的团购订单系统还是让这些需求都以极简的方式成为了现实。

- 第一，团购订单系统打通了所有商品的采购、销售、库存、促销、履约、售后、结算等流程环节，商品管理、供应链管理、线上线下一体化运营、全渠道营销及会员等功能完备，以一个缩小版的系统内嵌在整个系统之内的方式，实现了单个功能系统与整套系统的独立共生。

- 第二，团购订单系统在每笔团购订单创建之初就在系统内明确约定授信金额、结算账期及结算方式，且按客户每次的实际交易流水扣减额度，一旦超出授信额度或结算账期，系统将自动冻结客户账户，直至完成结算，恢复额度。

- 第三，团购订单系统除支持企业客户的员工订单多场景、多渠道、多方式履约外，还支持企业客户进行团购分拆及多频次履约，并根据实际履约记录形成独立对账报表，人人、物物、事事在线，减少人工操作，每笔订单都有据可查，系统自动对账核销。

- 第四，团购订单系统可自主设置履约方式，门店既可到店，也可到家，大仓既支持整箱配送，也支持零单散发，"店仓一体"模式兼具实体零售3公里覆盖与电商云端供应链优势，可自行圈定、调整履约门店围栏，极大地缩短了供应链，提高了配送效率，优化了团购客户及其背后的客户体验。

更让张鲁川惊喜的是，团购订单系统不但满足了新百连超团购业务的需求，还在更好地服务团购客户的同时，直连C端消费者，通过APP、小程序、团购商城等渠道为其提供更具性价比的商品和服务，并以此消费记录形成用户画像，反过来指导团购业务的开展，甚至优化商品结构，调整经营策略。他感叹道："如果我们的商品足够丰富、性价比足够高、客户体验足够好，那么直连企业客户的员工就是我们获取潜在用户的绝佳机会，这不正是我们助力B端、服务C端的最好证明吗？"

从以往人工下单、配送、核销、结算、退差、售后等全链条手动管理，到如今全流程数字化、在线化、标准化、智能化运营，团购订单系统不仅让新百连超的团购业务提效 40% 以上，更让数字化赋能的零售全链条简化、优化、一体化，既环环相扣，又相得益彰。

在团购订单系统的背后，是一个个标准模板中修改关键参数即可轻松生成的个性化团购商城，是一笔笔自主选购、一键提交、智能履约、配送到家的零售订单，更是供应商源头以销定产、供应链体系效率最优、门店员工人效最高、C 端用户体验最好的多方共赢。

后记

很难评判到底实体零售 3 公里范围内到店到家的便捷，与电商云端仓储整合供应链的高效，哪个更重要。

虽然两者都重要，也都想要，但问题是，如何支持不同商业模式的兼容发展？如何让传统实体零售企业在保留自身原有商业优势的同时，获得与京东等大型电商云端仓储供应链的吞吐能力，并进一步进化到线上线下一体化的新零售模式？

作为宁夏首屈一指的区域零售龙头企业，新百连超上线的团购订单系统不仅解决了团购（企业购）业务需求，更以此为契机，借助"店仓一体"模式让传统实体零售兼具电商云端仓储供应链优势，为整个新百集团的数字化转型趟出了一条可行之路。

从对团购（企业购）业务的助力赋能，到以此为支点撬动与上下游供应链的全面打通，以及全渠道一体化，店仓合一助力 B 端、服务 C 端，甚至优化商品结构、提高经营能力，多点 DMALL 基于云架构、全渠道、端到端的数字化系统，为零售企业降本、提效、增收的方式，值得其他区域的零售企业参考借鉴。

新百集团在疫情之下的逆势增长也给足了实体零售进行数字化转型的信心。

2021 年，新百集团当年实现营收 57.05 亿元人民币，同比上升 0.20%，归属于上市公司股东净利润 5145.57 万元人民币，同比增长 18.87%。

大道至简，大音希声。无论遍布全国，还是区域龙头，无论单一模式，还是业态多元，无论专注 C 端，还是客群丰富，商业的本质不曾改变，全面、彻底、深入的数字化转型必将是实体零售赢取未来的最优解。

突出亮点

2.赊销管控项目 背景：团购赊销客户没有系统管控，无法实时掌握客户信息，2022年1月12日上线赊销管控系统

赊销管控联动团购系统，做到相辅相成

- **1.赊销合同管理：** 上线前合同管理混乱，需要人工管理合同，上线后，通过系统，管理赊销有效合同共计879份。
- **2.销售金额数据：** 2021年度，赊销客户销售金额占比团购总销82.76%，利用赊销管控，提高人工效率，减少线下沟通成本。
- **3.客户风险管理：** 上线后对于违规、逾期客户，进行自动冻结，无需人工干预，主动预警，在源头进行系统自动拦截操作，避免异常客户发生业务往来，降低风险，提高工作效率。

赊销管控及团购关系

团购

控制 资源 能力 → 风险 风控 处理

赊销管控

赊销战略制定	赊销价值	取得成果	未来计划
开放、合规、共识	以客户为中心，对客户负责的同时，满足业务需求，达成双赢。	合规管控客户赊销额度，人工效率提高50%，赊销额度准确率提升80%，可按账期实时查询客户余额	团购与赊销管控打通，做到数据准确，无需人工干预，客户管控严谨，业财一体化，数据实时联动，降低企业风险。

赊销管控项目说明

客户证言

新百连超在引入 DMALL OS 以后开始进行跨越式发展，带来了非常多的数字化思维、技术、实践和效果。对内，更多业务流程简化、优化、一体化，工作效率提升；对外，比如会员数字化之后，实现了千店千面的精准营销。未来，希望多点 DMALL 能够为新百连超的业务提供更多赋能。

——新百连超信息中心负责人 张鲁川

【专家点评】联商网 CEO 王跃林：

传统零售企业的数字化转型如何"在高速路上换轮胎"

银川新华百货是中国传统零售企业的典型代表，集多种业态于一体，也是观察 SaaS 企业赋能传统零售的一个典型案例。

区域零售龙头企业有着自身的诸多优势：品牌的优势，有网点的优势，更有 C 端顾客和 B 端客户资源多年沉淀的优势。在互联网持续渗透的时代，新的消费习惯在不断养成，如何打破时空，为本地消费者甚至全网消费者提供全时段、线上线下双融合，更丰富的商品、更便捷的服务，是区域零售企业升级的必然之路，不仅是更好地满足顾客、服务顾客、深耕本地市场的需要，也是不断驱动企业经营管理效率提升和内部流程变革优化的需要，进而能够支撑起更精细化、更灵活高效的运营。

对于传统零售企业来说，由传统零售进化到数字零售，无异于"在高速路上换轮胎"，考验着企业的魄力和执行力。新华百货主动作为，适应变革新趋势，不禁让人赞叹。

面对新华百货多需求、多层级、复杂性高的特点，DMALL OS 做到了既满足细分业务需求，又实现了业务整体协同。从数据孤岛到业务数字化，再到数字业务化，新华百货不仅打通了商流，更是将未来商业的主动权握在自己手中。

新华百货以团购业务切入数字化。通过团购订单系统，新华百货切实解决了诸多痛点，满足了前端客户的个性化需求，实现了各板块业务前台、中台、后台的高效融合，大大推动了业绩和效率的双提升。由于团购业务重在供应链、履约和服务，因此团购订单系统帮助新华百货在"人货场""进销存""人财物"等方面实现了全链路优化和升级。

从新华百货的案例来看，数字化的道路和模式一定不是唯一的，可以是单点突破，也可以是全面开花。与此同时，数字化的进程一定不是一蹴而就、立竿见影的，中间的复杂程度一定超乎想象，需要企业各部门、全体人员以更开放包容的心态去拥抱变革，以更长远的眼光去谋篇布局，打破固有经验，突破自我认知，以更大的决心和力度去积极付诸行动。

在市场经济脱虚向实的当下，DMALL OS 扮演的是实体经济发展助推剂的角色，从而让传统零售企业的优势再扩大，帮助其扬长补短。

我们相信，在双方融合共振之下，新华百货将取得更大的发展进步。在以多点 DMALL 为代表的专业服务商赋能之下，零售数字基础设施将不断完善，未来发展必然越来越精细，线下实体将焕发更大的生机。

第七节 降损 *57%*！物美便利店 FF 区的赢利大招

编者的话

虽然每到早餐、午餐、下午茶的高峰期就排队的 FF 区（快餐速食区），早已成为便利店引流、增收、提润的重点区域，但并不是所有的便利店都能从这座"金山"中挖到"金子"：一来，FF 区的损耗废弃率通常是全店各区最高的；二来，因管理执行不到位导致的食品安全问题是所有便利店的隐患。

DMALL OS 便利店系统以"数字大脑"的方式解决了便利店 FF 区智能加工、补货的难题，不但保住了 FF 区为门店贡献的绝大部分毛利润，还以全链条数字化的形式将食品安全隐患扼杀在摇篮中，为传统零售业的数字化、智慧化带来无穷的想象空间。

项目背景

物美便利店成立于 1999 年 12 月 23 日，是物美集团为响应政府号召并在政府的支持下，在点对点整合原邻家便利店的基础上快速成长起来的惠民生便利店品牌，目前已在北京 10 个行政区内开业超 230 家店铺。

落地案例

相较于便利店行业 20%~30% 的平均毛利率，以包子、豆浆、炸串、便当、关东煮等为主的 FF 区，综合毛利率能达到 35% 甚至 45% 以上，并以占地不足 1/5 的面积贡献了便利店近 1/2 的营收。在这一过程中，FF 区该如何有效备货呢？既要避免备少了不够卖，白白损失销售机会，影响用户体验和黏性，还要规避备多了当天卖不完，只能眼睁睁废弃。

更重要的是，FF 区几乎全部为半自加工即食品，这就意味着门店是食品安全的第一责任人，门店最怕的，不是废弃几个包子、关东煮，而是因管理执行不到位而导致的食品安全隐患。

望闻问切，"金山"成关不紧的水龙头

2020 年 12 月，位于中国服务大厦 B 座 1 层大厅的物美便利店首都机场二纬路店开业，毗邻北京首都机场，不仅在 3 公里范围内的中高档写字楼就有几十栋，而且周边社区、学校、商场环绕，这就决定了门店具有精品、精致的高端属性。原以为地理位置优越、目标客群优质，达到 25% 的毛利润应该不成问题，却没想到，虽然在开业首月营收迎来满堂彩，但毛利润却不及行业平均水平！经过深入研究才发现，门店的废弃损耗高出行业均值一半，且几乎 80% 都集中在本该赢利的 FF 区！

因为无法准确预估销量，本该赢利的"金山"变成了"关不紧的水龙头"，物美便利店迫切需要配备一个"数字大脑"来帮助门店管理 FF 区。

这样的痛点，不止二纬路一家店有，整个便利店行业都有，而这也是 DMALL OS 早已排上日程但尚未"动手"的重点项目。话不多说，多点 DMALL 产研部门马上抽调人手，针对便利店 FF 区的个性化需求展开调研。

经过长时间、大范围的蹲守、走访，多点 DMALL SaaS 研发中心零售供应链研发部产品规划组的秦昊已然做到了心中有数。

炸串是物美便利店首都机场二纬路店 FF 区最受欢迎的品类

很快，项目正式立项，除了商品管理、供应链管理、线上线下一体化运营、全渠道营销、全渠道会员等通用功能模块，DMALL OS 还要专门为便利店业态上线一套能给 FF 区提供智能加工建议的系统方案。

眼下，针对 FF 区的建议加工数和针对食品安全的废弃管理就是项目组最重要且紧急的任务。

升级打怪，从实践中来，到实践中去

有了 DMALL OS 沉淀的最佳实践作为基础，秦昊觉得这个需求不难实现，带着项目组立下"军令状"：第 1 周调研，第 2 周研发，第 4 周上线，30 天圆满完成任务！

事实上，解决 FF 区的废弃管理问题，不仅需要控制废弃率，还要保住销量，这就需要一套复杂的算法来支撑。秦昊也没想到，一个小小的"建议加工"功能，居然在 1 个多月的时间里迭代了 3 次。

先是由客户成功部门的刘文涛牵头，拉着产品、算法和技术人员轮流到店里蹲守，之后结合历史销售数据、商圈特征、客群画像，以及天气、节假日等变量因素，在 DMALL OS 的基础上专门给物美便利店上线了 FF 区的"建议加工"

功能，通过系统智能算法为门店的制作数量提出建议，以提升 FF 区的制作合理性，降低因不合理制作而导致的废弃率。

工作日下午 14∶00 左右，热餐区的盒饭仅剩 2 份

系统刚上线就收到明显效果，热餐、包子、豆浆、鸡蛋的废弃率明显降低，门店士气大增，店长也高兴得要请项目组吃饭，可饭还没吃上，店长的新需求就来了：每天的建议加工数能否让门店参与意见，因为有些实际情况不是系统能抓取到的。比如，常来购买豆腐素包的从事行政工作的大姐刚在店里聊天儿，说她们公司明天集体外出团建，那就不能按系统推荐量来准备热餐了，起码要减少1/10；还有月底时，很多部门因述职需要加班，下午四五点钟就需要额外再补一些包子、咖啡、关东煮备着。

秦昊仔细一想，情况的确如此：系统算法除了逻辑严密、科学精准，还需要把一线的人情味儿和烟火气考虑进去，店长应该有灵活调整建议加工数的权限。

仅用了半天时间，迭代后的 FF 区"建议加工"功能就上线了。不仅给门店开通了手动调整加工数的权限，还以选项形式备注了手动调整的原因，便于系统在调整算法关键参数时能剔除特殊原因造成的干扰，从而不影响整体建议加工数的准确性。

此外，系统还给门店增加了自主调整配置时段的功能。比如，系统默认每小时推送一次包子的建议加工数，但门店下午人手不够，还要兼顾线上订单的配送，极有可能顾不上FF区的实时补货，此时可以把每小时一次的推送建议加工数，改为一次给出若干小时的建议加工数，从而不用担心因来不及加工而耽误销售。

在系统运行一段时间后，店长又来反馈：在因突发情况而使销量突增，但距离下一次给出建议加工数还有一段时间，顾客来了但商品已断货怎么办？

这可让秦昊犯了难。

门店需求很明确：设置一个安全库存量给门店"兜底"，确保在营业时间内所有商品都有货，但肯定不能一刀切，比如把关东煮的安全库存量设置为16，但在晚上11点时，还有必要保证这个安全库存量吗？

持续迭代，全链条数字化不放过任何一条"漏网之鱼"

答案显然是否定的，除非营业时间结束，门店任何时候都不应该缺货，怎么避免这种特殊时期的"青黄不接"呢？

项目组一筹莫展。多点DMALL合伙人、CTO杨凯派出了海外及平台产品中心的胡敏，以及研发中心的刘鹏飞来支援。

作为多点DMALL最早的两位研发负责人，胡敏和刘鹏飞可谓是"身经百战"，再刁钻、复杂的需求也能快速抽丝剥茧、找出要害，能做到这一点的诀窍是，不能只把数字化当成技术或手段，而是要转变为数字化思维，不管需求如何千变万化，总要回归商业本质，多点DMALL的价值，既是降本增效，又不只是降本增效。

俩人一商量，直接点名团队中"最强大脑"算法组的黄韵竹"出战"，先是拉通门店实际销售数据，实时监测高销品的销售情况，再结合不同参数的不同权重给予智能算法，终于在满足时间、天气、场景及关联商品无异常等一系列相关条件的前提下，上线了"实时补充建议加工数"功能。

比如，下午4点至7点推送的包子建议加工数是25，安全库存量是2，系统一旦监测到包子的实际销售大于23，低于安全库存要求，马上就会提醒门店应该加工包子了；下午 5 点半不到，关东煮的库存量已经低于安全库存量，系统就会给出关东煮的建议加工数；但如果晚上 8 点半发现关东煮的库存量低于安全库存量，系统就不会按原有建议加工数提醒门店补充加工：一是要考虑 24 小时便利店晚 8 点半至次日早 6 点的正常销量；二是要考虑关东煮的 4 小时保质期。

工作日下午 16：00 左右，包子、鸡蛋所剩无几，炸串系列却"严阵以待"

就这样来回磨了几个回合，系统根据门店需求持续迭代，终于达到一个相对理想的状态。最直接的表现就是，门店销售较开业前半年的平均销量提升了 15%，且 70% 都是由 FF 区贡献的，FF 区损耗废弃率从开业前半年内最好时的 8.2%，降低到了现在的 3.5%！

这也意味着，FF 区为门店贡献的绝大部分毛利润被保住了，不再被废弃率蚕食了。

门店最担心的食品安全隐患也被全链条数字化扼杀在摇篮中了。举个例子，这锅包子在几点几分被加工，应该在几点几分被废弃，可实现全程在线可视化，就像"区块链"记录在案，并实时提醒门店的工作人员按要求操作。

如果门店未能及时废弃，则系统除实时提醒门店并向总部同步信息外，在门店当天营业结束时，也会因为库存销售数据对不上而无法结束当天工作。

总之，既理解人性，也允许偷懒犯错，所以更要用系统的理智和精密来杜绝小错酿成大祸。

志存高远，从存量挖掘到增量拓展

至此，项目就能结束了吗？借用多点 DMALL 合伙人刘桂海的话说："这才哪儿到哪儿啊，数字化的价值还没利用到 1% 呢！"

还以便利店的 FF 区为例。

往大了说，FF 区作为便利店的"金山"，企业自然不能把宝全押在单个店长的经验、能力和操守上，一两家店还好，依靠老带新、传帮带的方式总能传承七八十家店，可上百家店呢？既要根据客群、商圈、定位来千店千面，又要标准化、快速复制，达成规模，实现盈利。这时数字化的优势就显现出来了，即以灵活又标准的方案解决复杂且规模化发展的问题。

什么叫既灵活又标准？

灵活意味着个性化定制，需求第一，效率其次。标准意味着可统一复制，绝对高效。灵活又标准，看似矛盾，实则不然。其关键在于，规模（基数）足够大，颗粒度足够细。

规模（基数）足够大，意味着视野足够开阔、经验足够丰富，哪怕 1000 家便利店各有各的特点，但总有共性，也就是总能有一套标准化的数字化解决方案来打底。颗粒度足够细，则是在共性的基础上找个性，并将其提炼成方法论，不仅 1000 个人眼里有 1000 个哈姆雷特，还可能排列组合出 1000^{1000} 套满足个性化需求的标准化解决方案。

在刘桂海看来，这也是商业 SaaS 较传统 ERP 的明显优势：前者以客户需求为导向，主动预测、快速迭代，寻求灵活与效率的最优解；后者以工业思维为导向，被动应对变化发生，强调标准可控，但迭代缓慢。正是因为商业 SaaS 是基于云架构、可不断创新持续迭代、可标准化应用且灵活调整的数字化解决方案，才能帮助零售企业直达消费者和供应商，建立起自己的私域流量池，并创造更多可能。

再往小了说。

数字化既然能精准给出便利店 FF 区的建议加工数，解决当下废弃与销量的安全博弈及既有顾客的需求，自然还能更进一步，基于大数据分析的人群画像，通过商品及营销的推陈出新，吸引更多潜在顾客，并让每一件商品都能在最佳赏味期被合适的顾客带走。

收到下午茶优惠定向推送后前来选购的附近白领

比如，还有 1 小时就到废弃节点的关东煮，是否可以折扣优惠的方式定向推送给常购人群？新口味的包子，是否可以加入豆浆、鸡蛋套餐附赠给会员？总之，需要从被动等待到主动触达，从存量挖掘到增量拓展。

虽然物美便利店 FF 区的"建议加工"功能只是一个小例子，但却让多点 DMALL 项目团队对零售的精细化和强实操，以及数字化解构重构零售业有了更大的想象空间。系统的上线只是开始，零售业务的复杂多变不断要求我们离一线近一些、更近一些，也只有真的沉下心、扎进去，才能真的想客户之所想、解客户之所难。

而评判系统好坏的唯一标准，就是能否帮助客户解决当下甚至未来可预见的问题，并引领趋势、创造价值。

后记

针对中国零售业便利店 FF 区的经营痛点，多点 DMALL 与物美便利店"扎小辫"式的共创共赢，是 DMALL OS 诞生的其中一个缩影，也正是基于深耕零售 7 年，对每一个环节、每一个场景、每一个需求都不断摸索验证，反复优化迭代，这套专为零售业数字化转型打磨的商业 SaaS 系统，才得以通过了实用性、可靠性、通用性、适配性、灵活性等重重考验，成为零售企业数字化转型的最优解。

零售即细节，通过对每一个细节的反复打磨，在更好地满足用户需求的基础上实现降本、提效、增收。在这一过程中，数字化系统对每一个流程动作的最优化和标准化无疑起到了决定性作用。物美便利店 FF 区的数字化解决方案只是一个触发点，既能提醒商业 SaaS 服务商要时刻谨记从行业实践中来、到应用实践中去的系统设计理念，又能以小见大、举一反三，开启对零售全业务场景之间互联互通数字化管理的探索。

这正是全渠道、一体化、端到端的商业 SaaS 的真正价值，让数据在业务流动中碰撞出更多火花，反哺于更多业务场景，探索出更多未知价值。

突出亮点

DMALL OS 便利店系统，除了具备商品管理、供应链管理、线上线下一体化运营、全渠道营销、全渠道会员等通用功能模块，还特别针对便利店的"金山"——FF 区提供了"建议加工"功能，联动会员运营及全渠道营销，帮助物美便利店的 FF 区损耗废弃率降低 57%，门店销量提升 15%。

客户证言

多点 DMALL 打造了一个人人在线、事事在线、物物在线的数字化底层，是一个重要且可选的数字化创新模式，可助力传统实体零售转型为线上线下一体化、到家到店一体化。

尤其多点 DMALL 的便利店系统，支撑了物美经营便利店三大核心理念的真正落地，实现"线上线下一体化""到家到店一体化""数据驱动、任务到人、逐级解决、实时响应"，让便利店进行全面数字化革命成为可能，更为所有便利店的经营提供了全链条、全场景的解决方案，从总部的整体管理，到加盟商和门店经营，从仓储物流到为终端用户提供线上线下一体化的购物场景，所有便利店的经营需求都能从便利店系统里找到数据支撑。

自 2020 年 4 月物美完成便利店系统从总部到门店的全面切换后，便利店业绩在疫情中逆势增长，整体增长超过 20%，其中线上更是迎来了超过 300% 的爆发性增长。

未来的数字化便利店，将会成为互联网网点、物联网站点、到家服务节点，三点合一的重要基础就在于掌握数字化的理念与方法、技术与工具。

—— 物美集团首席运营官　于剑波

【专家点评】凤凰科技总监于浩：

数字化变革需要回归零售业本质

在数字化时代，传统零售企业并未坐以待"衰"。他们主动拥抱新技术，大刀阔斧地自我变革，从而实现了门店运营效率的大幅提升。

在本案例实践中，DMALL OS 联动智能算法通过对物美便利店 FF 区进行数据分析，给出了商品增、汰、换选品的建议，取代了传统依靠经验采购、"拍脑袋"的决策方式，帮助物美便利店 FF 区损耗废弃率降低 57%，提升了门店销售额。

多点 DMALL 此番对物美便利店的改造，不但解决了便利店 FF 区的智能加工、补货难题，更是让数字化重构零售业、流通业有了更大的想象空间。

传统零售业的链条特别长，互联网企业或电商平台只聚焦于 C 端交付、履约两个环节，但真正的数字零售其实涉及"人货场"、业务数据、财务数据的联动和打通。这对零售 SaaS 服务商提出了更高的要求。

真正的考验在于，零售 SaaS 既需要提供全链路、全场景、一体化的产品和创新服务，又要满足商家个性化的需求。

比如，如何精准订货，兼顾降本与增效？如何将多个业务中台的在线单据全部聚合、分析，助力商家更高效地实现市场洞察和决策？

从这方面来看，DMALL OS 充分考虑了零售业态的特点，将门店、商品、供应链、会员、财务等业务模块用新技术重构，做到了以用户需求为导向，主动预测，快速迭代，为便利店的经营提供了全链条、全场景的解决方案。

该落地案例，引发了对零售业数字化变革的思考，这里有几点启示供大家参考。

- 第一，"数字化"需要基于业务需求而不断迭代更新。面对疫情和电商的冲击，如果实体零售只是转为线上销售，增加到家业务或小程序功能，则仅仅是触碰到了数字化的皮毛，解决了表层问题，并没有利用数字化的思维模式和方法论解构重构零售业，针对业务需求做出转变。在物美便利店的数字化改造中，DMALL OS 基于云架构给出了门店运营智能加工建议，真正做到了数据驱动、促销一体化，有效解决了 FF 区损耗废弃率高的难题。

- 第二，数字化变革需要回归零售业本质。实体零售业的整体利润率不高，成本管控是实体零售企业想要持续健康发展的一大利器，除了尽量减少渠道、供应链及房租的影响，更要提高"人货场"中各类资源的利用效率。

DMALL OS 既可以合理排班，又可以自动补货、智能分单，大幅提高了门店的工作效率。

数字化之于实体零售企业，犹如于自身运营模式、组织流程的再造，是贯穿于前台、中台、后台每个环节的价值重塑，这就需要对实体零售业有着深刻的理解和认知。

目前，我们能看到以多点 DMALL 为代表的数字化服务商正作为技术先驱与应用场景的搭建者，为实体零售企业提供创新式的解决方案，同时也应该注意到，零售业数字化是一个长期的系统搭建过程，而不是简单的线上销售和信息化变革，需要企业和第三方服务商对数字化有深入理解，并在实际落地中真正做到算法驱动。

第八节 联合利华如何抓住引发销售风暴的那只"蝴蝶"

编者的话

放眼全球性的消费品公司，若想做好线上、线下所有渠道的生意，都不是件容易的事儿。

其根本原因在于，线上电商与线下实体零售是两套完全不同的经营模式和进销存体系：第一，线上电商自带数字化基因，基于广泛的商品销售数据分析，让品牌商对用户画像一清二楚，而线下门店开门迎客，什么人进了门店、看了什么、买了什么，门店一问三不知，那品牌商就更是两眼一抹黑了；第二，线下门店相对更"重"，导致线上"落地"难，因此大部分电商都没有自己的线下渠道，更谈不上线上、线下打通了；第三，即便有实体零售"触网"成功，也大多局限于自己的"一亩三分地"，很难跨区域发展、辐射全国，而品牌商想要在某区域乃至全国开展精准营销，就需要对接全国数不清的零售渠道，难度可想而知。

因此，想要"通吃"线上线下全渠道，就需要一套基于云架构、可持续迭代、全渠道端到端，并且精准靠谱的数字化系统来支持。

基于 DMALL OS 孵化而成的品牌家系统，依托服务的物美、麦德龙、广东 7-Eleven、重庆百货、新华百货、中百集团等会员联盟的线下实体零售渠道，以及以多点 APP、小程序等为代表的线上电商渠道，完美打通了服务于全国的线上、线下全渠道数据，持续强化到店到家全渠道的大数据服务，助力品牌商轻松获得全国、全渠道的销售分析、营销活动追踪、用户画像分析、生命周期管理和行业洞察等多方面能力，最终实现精准营销，驱动品牌影响力不断提升。

项目背景

联合利华作为一家全球性公司，在 190 个国家和地区销售 400 多个品牌产品，是最早一批进入中国市场的跨国公司之一。在中国，联合利华运营近 40 个知名品牌，包括多芬、力士、清扬、奥妙、金纺、凡士林、AHC、中华、蓝多霸、家乐、和路雪、梦龙、可爱多、沁园、布鲁雅尔等，为中国 1.5 亿个城市家庭提供生活日用产品和服务。发展至今，中国已成为联合利华全球三大最重要的增长市场之一。

落地案例

联合利华与多点 DMALL 的合作始于 2019 年初，双方刚刚共创营销 IP 开了个好头，就遭遇全球疫情挑战。在全行业都面临开源节流的严峻考验下，联合利华却在多点 APP 上实现了销量高双位数年复合增长。

在这一过程中，依托 DMALL OS，可线上线下全渠道、全区域进行全面深入数据洞察和应用的品牌家系统，功不可没。

小数据，四两拨千斤

在大型卖场，往往会将家庭清洁用品和米面粮油分别陈列在一层和二层。看似八竿子打不着的两个品类，能产生什么"化学反应"呢？

还别说，在 2021 年双十一期间，同为多点 DMALL 合作伙伴的联合利华和益海嘉里，联手打造的"上得厅堂、下得厨房"营销 IP，使得联合利华销量同比高双位数增长，新客双位数提升，与同期其他营销活动相比，远远拉开了身位。

这个已经迭代到 3.0 版本的"上得厅堂、下得厨房"营销 IP，源于品牌家系统的一个小发现。

联合利华购物者及渠道营销经理车良玉回忆道："虽然我们在 2019 年就想跨界打造营销 IP，但在当时并不知道谁是合适的跨界合作方，通过品牌家系统的后台数据发现，益海嘉里粮油品类的客户画像与我们有相当大程度的重合，购买联合利华的客户可能同时也会下单益海嘉里的米面粮油，目标客群兴趣度趋同，具备天然的合作基因，正是品牌家系统的这个'意外'发现，促成了我们今天这个 IP。"

联合利华与益海嘉里正在直播

找到了合适的跨界合作方，联合利华马上作为跨界营销项目的牵头方，通过多点 DMALL 向益海嘉里抛出了橄榄枝。经三方协商后发现，合作潜能远不止跨界 IP 这一件事儿，这让所有人都兴奋不已。

先以线上活动试水。"上得厅堂、下得厨房"营销 IP 1.0 版本，以联合利华与益海嘉里联手推出品牌日活动为主打：一来验证品牌家系统数据作为"媒人"的准确性；二来先在多点 APP 内进行团队磨合，也为后续的深度合作打下基础。

意料之中，首战告捷，这也坚定了联合利华的跨界营销信心。2020 年双十一，双方在营销 IP 1.0 版本的基础上拓展上线 2.0 版本，投入更多渠道和营销资源，以便一举打通线上、线下全渠道。除了在多点 APP 举办线上活动，还选择在北京物美多家核心门店的线下渠道打造"上得厅堂、下得厨房"的超级路演：一边是联合利华开展洗衣护衣小实验，益海嘉里现场烹饪美食，与现场客户积极互动；另一边是闻讯而来的 KOL 架起了现场直播，将线下声量又引流到线上。

多点 APP"上得厅堂、下得厨房"营销 IP 活动示意

2021 年上线营销 IP 3.0 版本，趁热打铁在站外增加曝光，扩大 IP 活动辐射范围。以多点 DMALL 为纽带，在跨界营销 IP 合作伙伴的名单上除了物美，还增加了中百仓储、重庆百货新世纪超市和新百连超等区域（北京、天津、杭州、武汉、重庆等核心城市）龙头零售企业，并首次投放大媒体广告，为活动及零售商超进行精准定向引流，扩大 IP 受众范围和品牌声量。

这一跨界营销 IP 的成功，源于品牌家系统持续强化到店到家全渠道的大数据服务，助力品牌获得销售分析、营销活动追踪、用户画像分析、生命周期管理和行业洞察等多方面能力，也得益于大数据的精准投放，让线上与线下得以高效联动，并成功构建了全链路营销闭环活动，促进多方共赢。

车良玉说："以往我们想要获得更大范围、更多渠道的数据分析几乎不可能，现在，品牌家系统能让我们的线下渠道和线上渠道打通匹配，基于此，我们已经打造了很多成功的共创营销IP。与益海嘉里能合作到3.0版本，也验证了这一IP思路的成功，可以说，有了全渠道数据这座'金山'，我们能做的事儿太多了。"

抓住引发销售风暴的那只蝴蝶

《蝴蝶效应与市场营销——寻找引发销售风暴的那只蝴蝶》一书曾指出：要引起一场销售的龙卷风，关键是寻找到在临界点附近那只扇动翅膀的蝴蝶，这只蝴蝶有可能是产品本身，也有可能是消费者（意见领袖、大V、红人、顶流主播等），还有可能是经销商或企业员工。

现在来看，拥有流量的平台方也有可能是那只蝴蝶。

2022年初，多点DMALL合作商家北京物美与联合利华在复盘2021全年促销活动时发现，当整个消费市场的家庭清洁类目开始从洗衣液向洗衣凝珠品类升级时，多点APP上的洗衣凝珠销售数据整体表现平平，与行业平均水平还有一定距离。

《2022年中国洗衣凝珠市场分析报告》显示，2020年我国国内香氛类、凝珠类、免洗类、片状类等新剂型产品销售额超过200亿元人民币。其中，洗衣凝珠成为主流大型综合电商平台衣物清洁产品中销量增速最快的品类之一，同比增速超132%，成为衣物洗护市场的冉冉新星。

在详尽调研各大综合电商平台和到家平台家庭清洁品类的分类策略后，联合利华结合过往的优秀运营经验，提议将多点APP上原本在洗衣液类目之下的洗衣凝珠提级，与"老大哥"洗衣液"平起平坐"，以这一小变化为开端，测试洗衣凝珠销量的变化。

"当时，洗衣凝珠在整个家庭清洁市场已经异军突起，能撑起销售的一方天地了。可我们在品牌家系统的后台发现，联合利华的洗衣凝珠在多点APP上的客单价相对偏低，品类升级和销售增长的潜力非常大。"联合利华O2O经理沈文宇表示。

三方一拍即合：联合利华圈定部分参与品类调整的洗衣凝珠商品；多点DMALL 商品部重新梳理家庭清洁大品类下的商品结构；物美线上运营部首次为洗衣凝珠开辟三级类目。至此，洗衣凝珠不再是洗衣液之下的子类目，也意味着在多点 APP 上的分类展示位置、商品优先级和重要度、曝光量都有了质的提升。

蝴蝶的翅膀开始从多点 APP 商品类目这一小小按钮上挥动开来：联合利华的洗衣凝珠在品类调整后，在第一次促销活动中就实现了"开门红"，销量同比成倍增长。

沈文宇兴奋地告诉我们："预计 2022 年一整年，我们的凝珠产品线在多点APP 和物美大卖场的整体销量增长都会非常可观。"

通过洗衣凝珠品类升级小试牛刀，物美马上开始着手全品类的商品结构和类目调整，众多品牌商纷纷参与进来，一时间，价量齐飞，通过数据挖掘到的新商机就如同抓住了引发销售风暴的"蝴蝶"，曾经被埋没的"爆品"迅速崛起为销量黑马。

始于数据，又不止于数据

在品尝到了数据带来的"甜头"后，品牌商开始对品牌家系统有了更高的期许。沈文宇表示："品牌家系统不光是在销售渠道等方面为品牌商搭建合作的桥梁，更是一个实实在在地帮助我们驱动整体 O2O 生意的有效工具和好伙伴。"

在沈文宇看来，品牌家系统的数据来源广泛可靠、维度详尽丰富，不仅囊括了全国主流零售渠道的线上线下数据，还包括单一商品、品类数据，品牌商可以就不同零售企业统计销售数据，区域上还可以细分到各省和大区。"这点对联合利华来说特别重要，因为我们最大的特点就是品牌多，在不同区域涉及的很多零售企业都有产品在分销。"沈文宇如是说。

还有很重要的一点，就是联合利华对品类细分和关注的维度非常细，尤其会重点关注核心产品线和高端产品线，并据此去做销售复盘和计划。

在线上线下全渠道、全国范围的数据源基础上，品牌家系统的数据展现出五大亮点：

- 一是及时性很高，能够实时分析单品库存和历史销量，从而为品牌商的档期活动提供可靠的单品维度建议。
- 二是精确度很高，系统导出的数据体规整，不需要人工再做重复维护和分析整理，所见即可用。
- 三是能够做定制化的输出，比如来客数据、新客数据等在系统后台一目了然。
- 四是用户消费画像数据更为细致，除了基础的性别、年龄、客单价等数据，系统后台还能看到用户在品牌内部多个子品牌之间流动的情况，对驱动业务发展极有价值。
- 五是用户体验好，界面清晰，使用便捷，所有数据分层、分级管理，可实现价值最大化。

毫不夸张地说，数据已经成为联合利华洞察业务的"显微镜"。借助品牌家系统反馈的数据，联合利华正在通过精细化、数字化的用户运营实现活动提效，除了聚焦精准人群运营，还通过多点智能派样机提升新品渗透率。

以精准人群运营为例，联合利华重点关注四类人群。

- 第一类是跨品类人群。品牌家系统后台会呈现相关品类的渗透数据，正如前面所说，购买联合利华商品的人群，同时也在购买中高端的粮油乳品，这几个品类的关联度较高。基于这一数据洞察，联合利华会重点关注这些高关联品类、高渗透品类的人群。
- 第二类是新客人群。借助多点 APP 和品牌家系统抓取在一定周期内有过一次品牌购买行为的人群，为其定向推荐新品尝鲜券等，以提升新客的转化率。
- 第三类是高客单价、高品牌忠诚度的老客户。联合利华与多点 DMALL 一直在尝试跨界联合营销，即客户在满足一定条件后，多点 APP 会自动给客户发放打车券、观影券等，并记录后续客户的核销行为，持续优化，以便提高老客户的黏性。

- 第四类是相关品类人群。对相关品类人群进行追踪和分析，通过精准运营提升渗透率和转化率。

在当前的市场环境下，无论零售企业、品牌商还是平台方，寻求增长是大家共同面临的难题。对联合利华而言，除了不断装备自己，加强与多点 DMALL 等平台、零售企业和其他品牌商的合作，也是大家携手共同发展的一种方式。

正如多点 DMALL 董事长张文中所说："疫情以来，每家企业都面临着新的挑战和新的机遇，整个流通产业都面临着巨大的数字化转型挑战和压力，这就意味着零售企业、品牌商、平台方、客户等各方参与者都要进行数字化转型，这样的转型往往需要以抱团取暖的方式来实现。"

后记

单独的线上数据获取不难，单独的线下数据获取看似也不难，难的是，将线上线下全渠道数据打通拉齐，更难的是，把更多区域零售企业的线上、线下全渠道数据打通拉齐。

因为客户已经不再区分线上线下，所以到店到家一定是一体化的，可用同一个 APP 或小程序一站式服务客户，满足到店到家的全场景需求。客户不会只去物美或只去麦德龙，更没有哪个区域零售企业可以一家独大、服务全国，零售业的全面深入数字化是必然趋势。

作为第三方的商业 SaaS 服务商，多点 DMALL 通过会员联盟，整合全国范围内所有合作商家的线上线下全渠道数据，为品牌方的精细化营销提供源源不尽的"数据粮仓"。有了这样的"数据粮仓"，客户营销、渠道运营甚至新品研发，才真正有据可依，也大有可为。

在这一过程中，若想真正发挥数据粮仓"取之于民又用之于民"的价值属性，品牌商的深度参与、共创至关重要：一来，巧妇难为无米之炊，若想大展身手，首先得有原材料，而原材料的"质"和"量"，是保证后期成品效果的基础；其次，同样的食材，是做满汉全席，还是街头小吃，既取决于厨师的加工水平，又要考虑到客户的个性化需求。因此，只有双方深度融合共创，真正打通共享，才能更好地发挥数据价值，只有更全面深入的全渠道、全场景数字化解构、重构，才能真正实现零售业的降本、提效、增收。

突出亮点

品牌家系统的上线运营帮助联合利华在多点 APP 平台上连续 3 年取得高双位数年复合增长。通过打造"上得厅堂、下得厨房"营销 IP，帮助联合利华在 2020—2021 年连续两年销量同比高双位数增长，新客双位数提升。在多点 APP 中调整洗衣凝珠品类后，联合利华在第一次促销活动中就实现了销量同比大幅增长的目标。

客户证言

品牌家系统的一体化程度高。从平台线上数据分析到零售商超线下数据协同，有一整套完整的方案可供品牌商使用，为品牌商线上线下一体化生意分析及策略推动提供了极大助力。

同时，多点 DMALL 与时俱进、灵活多变的企业特质能更好、更快地响应市场节奏的变化。之前，多点 APP 和联合利华合作的凝珠产品分类升级就是最好的证明。灵活多变还体现在品牌家系统中，全面多维的数据以及丰富的营销方案支持，可方便品牌商进行多品类、差异化的促销方案落地。

多点 DMALL 一体化 SaaS 解决方案灵活多变的特质，为我们的进一步发展增添了信心。

——联合利华 O2O 经理 沈文宇

【专家点评】蓝鲸财经产经事业部总经理李冰：

引发销售风暴的蝴蝶正在"蝶变"

基于销售的合作，自然是销售数据最有发言权。

联合利华全球 CEO Alan Jope 期待与多点 DMALL 有更多的合作，显然双方的结合令其看到了更美好的未来。

在大数据时代，每个人都有数据思维，每个企业都想做大数据生意，但数据生意却不是谁都可以做，并且能够做成功的。

作为世界 500 强企业，联合利华是日化行业当之无愧的头部企业，旗下拥有 1600 个品牌：一头儿是来自全球的 1500 家供应商；另一头儿是由沃尔玛、乐购、屈臣氏和麦德龙等在内的共约 300 个零售企业与经销商提供的超过 8 万个销售终端。这个体系在运转过程中形成的数据资产，是很多企业无法企及且艳羡的。

而这，正是联合利华构建数字化运营的基础。它可以基于此，进行深度数据挖掘与需求分析，进行全球协同采购、供应商管理及渠道管理，从而提升运营效率和收益。

在自身拥有庞大数据采集、分析和应用实力的基础上，联合利华还对多点 DMALL 青睐有加，可见多点 DMALL 的加持和赋能水平不可小觑。

在当前的中国市场，线上的大数据运维已是全民共识。但是线上电商的数字化基因，如何更好地嫁接到线下实体，仍是需要探讨的课题。

联合利华自身的数字化体系，需要融入整个零售产业体系，通过解构、重构，才能真正抓住并享受数字化时代的机遇和红利。

多点 DMALL 提供的全面创新的数字零售操作系统 DMALL OS，为门店、商品、供应链、品牌等各模块提供端到端的解决方案，打破地域、品牌甚至品类的限制，实现传统零售企业向数字化的转型。

其创新点在于，依托服务的物美、麦德龙、重庆百货、新华百货、中百集团等会员联盟的线下实体零售渠道，进行线下零售渠道的数据收集，与线上数据结合，实现更广泛的用户画像分析，助力品牌商获得更全面的渠道销售分析、营销活动追踪和行业洞察，最终实现精准营销。

而这恰恰是哪怕像联合利华这样的行业巨擘，都无法或没有精力去实现而又不得不去做的事情。

对联合利华而言，多点 DMALL 不仅解决了线下"到家"的服务，还对大数据管理平台进行会员数据的补充，可助其进一步挖掘线下传统卖场生意潜能，为业务持续增长提供新的可能。

在这种可能里，基于 DMALL OS 孵化而成的品牌家系统，更是令联合利华看到了跨品牌和跨品类合作的巨大想象空间。

通过重合的用户画像，轻松找到可以相互引流的"小伙伴"，不仅能更好地留住老客户，还可以提升对竞品人群的渗透和转化，在高饱和度的竞争格局中寻求增长，甚至在零和博弈中取得胜利。

从某种意义上讲，多点 DMALL 是否是那只可以引发销售风暴的蝴蝶还不得而知。不过，联合利华和多点 DMALL 的合作正在经历"蝶变"，且已经呈现出新生命的迹象。

第三章 抗疫保供

Fight the Epidemic and Ensure Supply

3

Chapter

第一节 数字化助零售企业抗疫保供 18 招

持续了 3 年的全球疫情，让本就苦苦挣扎的实体零售业雪上加霜。

- 一方面，电商、拼团、直播等线上渠道来势凶猛。2016—2020 年，线上线下社会消费品零售额总体年复合增长率为 4.2%。其中，线上消费品零售额年复合增长率高达 23.5%；线下消费品零售额年复合增长率仅为 0.34%。可以说，传统实体零售已到生死存亡的紧要关头。
- 另一方面，疫情下，对客户消费习惯及门店在特殊情况下的经营能力都提出严峻考验。作为百姓一日三餐生活日用的主要供给渠道之一，零售企业应积极响应政策号召，直面困难挑战，以热血和实力挑起民生物资保供重任，让政府和人民放心。

既然不想也不能坐以待毙，就要主动破局寻找出路。

出路还得从用户需求入手。用户在哪儿，渠道就应该在哪儿。零售业通过数字化实现线上线下全渠道一体化，必要性、紧迫性已毋需多言。

物美、麦德龙、广东 7-Eleven、重庆百货、中百集团、新华百货等诸多全国、全球、区域零售龙头企业均已在数字化转型中找到可行路径，持续收获力量，坚定未来信心。他们近年来的经营情况，尤其在疫情期间的出色表现，便是最有力的证明。

这套基于先进技术理念、融合行业最佳实践的全渠道、一体化、端到端的商业 SaaS，已成为实体零售企业绝处逢生、逆势增长、在疫情等特殊时期扛起民生物资保供重任的基石！

正是这些淳朴善良、勇敢无畏的零售人，在数字化系统的助力下，怀揣"面对生命，唯有良心"的朴素价值观，身体力行地将希望和善意层层传递。可以看到，传统零售企业有了商业 SaaS 的数字化加持，科学抗疫、民生保供，有心，更有力！

回首数次抗疫保供攻坚战，我们积极响应国家"保价格，保质量，保供应，保安全"的四保号召，践行"思想闭环，流程闭环，行动闭环，结果闭环"的指导思想，复盘、沉淀些许经验，为肩负民生保供重任的零售企业，送上这个特殊时期的"数字化助零售企业抗疫保供 18 招"。

相信，长夜终有尽头，苦尽必定甘来。

加油！

第 1 招：师出有名，自救破局

在百年未有之大变局与全球疫情相互叠加之下，商贸服务业经营压力巨大，零售业及生活服务业受到的影响尤为突出。如何克服疫情所带来的不利影响，在积极响应政策号召、充分履行社会责任的前提下，合法、合规、合情、合理地获得必要支持，开展保供、自救行动，既能满足特殊时期百姓生活所需，又能缓解企业销售下滑、引流乏力等现实困难？零售企业既然想扛起这面保供大旗，就要团结一切可以团结的力量，利用一切可利用的资源，打赢这场抗疫保供攻坚战，更打赢自救破局增长战。

- 首先，响应政策号召，听从政府指挥，及时上报沟通，获得必要的通行、防疫等政策的后勤保障支持，如物流运输通行证、核酸检测绿色通道、定点保供项目支持等，为保供、自救攻坚战的胜利打下基础。

- 其次，调动全员士气，打破常规，积极自救，坚定召之即战、战之必胜的信念，既要解决一线员工的实际困难，给予员工力所能及的基本物质保障和激励，更要加强全员责无旁贷地履行社会责任的使命感和主人翁意识，让保供、自救既上下一心又健康持续。

- 最后，充分发挥数字化系统价值，切实解决企业经营过程中的实际困难，联动上下游打通共建，全渠道连接服务客户，为保供、自救攻坚战保驾护航。

特殊时期，零售企业响应号召义不容辞，更关键的是，不但要有敢于应战的勇气，更要有打胜仗的能力。众多零售企业先行者的数字化转型过程，已经验证了基于全渠道、一体化、端到端的数字化系统，是零售企业应对疫情考验并实现逆势增长的根基。

第2招：弹性供应，足量保障

当大家早已习以为常的农产品供应被疫情打乱，原本畅通的供应链出现"断点"并引发供需失衡时，应急保供便成为一项精细化、系统化的工作。全流程数字化的供应链体系可通过产地直采、产销对接，迅速从全国甚至全球范围调集更多可靠货源渠道，并凭借数字化的商品、订单、供应链、履约管理系统，在关键时刻迅速增加进货量，第一时间保供应、保价格、保质量，既解百姓燃眉之急，更稳社会预期。

应 用

2020年6月13日，北京新发地批发市场因检测出新冠病毒而紧急关闭，北京市场食材供应压力"骤然起跳"。6月14日，多点DMALL支持物美迅速协调生鲜产地直送1500吨蔬菜和600吨水果，以超平日3.5倍的供应量保障北京市场供应充足。正是得益于物美的数字化供应链体系，80%以上的商品来自产地直采，所有商品均从正规渠道进货，相关检疫监测手续齐全，才能在这一特殊时期保质保量供应市场。

2022 年 1 月 8 日，天津发生新冠疫情，多点 DMALL 数字化系统支持物美天津抗疫保供，通过弹性供应链源头直采，加大物资储备和线上线下安全配送保障，生鲜商品由原有的每天 15~20 吨，增加到每天 150~170 吨，最多时一天供应 200 吨，同时将订单、库存、运力等数据打通，智能算法实时调配，支持各门店依据实际疫情发展、订单量灵活调节围栏及各时段到家的订单量，在疫情特殊时期，保证了物美在天津全市范围内一日 28 配、半小时达，个别高险地区一日 8 配、2 小时达。

🏪 第 3 招：商品溯源，全程可控

数字化与供应链的深度结合是将采销全流程数字化，即将数字化能力延伸到上游农产品供应商，实现源头直采、商品溯源、冷链配送、农产品标准化等各环节数据时时在线，从源头把关商品质量。以数字化形成零售企业和供应链的联盟，实现商品溯源信息共享，构建数字零售新生态。尤其在疫情下，可以一码集合进口冷链食品的核酸检测证明、有关检验检疫票据、产地、物流等信息，为食品安全和疫情防控场景提供重要溯源依据。

☁ 应 用

多点 DMALL 联合麦德龙建立数字化高标准的食品安全体系。麦德龙自有品牌和进口商品的销售占比超过 24%，其严控商品准入，是中国唯一一家所有门店都拥有 HACCP 认证的生鲜快消实体零售企业。特别是其建立于 2007 年的"麦咨达可追溯系统"，通过监测完整的供应链，可以做到全程信息透明化。消费者只需要扫一扫麦咨达产品外包装上的追溯码，就能清楚地知道企业、产品、加工厂、原产地、检测、物流共六大信息。目前，麦咨达可追溯体系涵盖 25000 名农户、4500 种可追溯产品。多点 DMALL 也将与麦德龙合作，把整套商品溯源、质量管控流程等标准数字化，并推广至更多的合作零售企业。

第4招：精准防疫，智能选品

在疫情特殊时期，线下门店闭店，线上订单激增，消费者对商品的需求从丰富多样转向集中便捷，有限的拣配人手要高效满足暴增的订单需求。基于此，智能选品系统依据大数据洞察调整商品品类，果断减去非民生必需商品，并上架标准化的菜肉单品，以及由此组成的保供套装，大大提升了拣配效率及安全标准。

更大的挑战是，精准防疫要求一个门店同时肩负正常小区的正常供应和封控小区的基础供应，既要日常商品足够丰富，又要必需物资足够充沛，还要满足正常经营和特殊保供两套经营体系下的陈列、拣配、履约等复合型需求。

应 用

2022年4月，上海发生新冠疫情，麦德龙增调全国101家门店资源，向上海6000多个小区提供500多万份"保供套餐"，并在订单不能送到家、需居委会转送的情况下，为麦德龙的云数据仓库增加每个小区对应居委会的数据维度。当门店收到订单时，能快速掌握线上订单各街道、各社区、各时段的涌入情况，及时调节大仓和门店供应，匹配拣货和配送力量，最大限度地保障居民订单尽快送达。

第5招：自动补货，高效运转

依靠单一人工经验补货既劳心劳力又不准确，多点DMALL利用千万级产品的综合销售数据积累，运用行业先进的机器学习和神经网络模型、完善的数据加工流程，全面考虑商圈特点、销售周期、定价、促销、天气等外部环境因素，根据商品类别（长尾品、新品、畅销品、促销品等），构建了不同精度的补货预测模型（人工智能模型、简单预测模型、综合预测模型），打造了能够灵活适配大卖场、标超、便利店等多业态、多场景的销量预测平台。基于 AI 智能预测和特殊情况下人工干预的自动补货系统，以"需求预测、流程在线、数据协同"为核心，通过智能补货算法和物联网基础设施等，可自动触发补货任务提醒，帮助门店下达精准补货任务，更通过上下游数据信息的实时共享、联动，加快货物进出仓速度，实现仓到仓、仓到店、仓到社区、仓到人的全面数字化管理和高效运转。

应　用

2022 年 4 月 23 日，北京新冠疫情突发，北京物美双井店经受了线上订单 3 倍起跳、全店销量 4 倍于平日的严苛考验。北京物美防疫保供应急指挥部全员 3×24 小时在线，人力也被连夜调配支援，在数字化供应链体系的帮助下，做到了 2 小时补货上架，并始终保证货源充足，货架不空；4 小时拣配支援到位，线上订单履约率 90% 以上。在政府的大力支持下，多点 DMALL 支持物美发挥数字化供应链及农超对接的巨大优势，迅速把全国各地的物资运到北京，蔬菜供货量较平日提高 3~4 倍。正是全国统一的、畅通的供应链，保证了物美有底气在关键时刻为北京市场注入活力，做到了"北京速度，奋战保供，首都市场，坚如磐石"。

第 6 招：智能监测，科学调配

商品供不应求甚至被哄抬价格，不仅严重扰乱市场秩序，损害消费者合法权益，还制造或加剧了恐慌性需求，严重影响疫情防控工作的平稳开展。多点 DMALL 基于大数据的实时监控系统，在特殊时期对时段销售、重点区域、重点品类、重点商品、重点门店等做好实时销售监控，精准调配货源、物资、人员、车辆及后勤保障，得以在特殊时期确保市场供应充足、价格平稳。

应　用

2022 年 4 月 24 日，物美率先面向社会宣布延长营业时间，直到最后一位顾客离开后自然闭店，全力满足百姓购物需求。多点 DMALL 支持物美物流供应链全面启动应急保障机制，线上线下全面响应，重点民生商品按 5~10 倍备货，尤其菜肉蛋米面等民生商品供应充足，有效缓解了抢购囤货现象。自 4 月 27 日起，物美又推出菜肉水果等 5 种安心套餐，由物流大仓统一拣货，配送到店，极大缓解了门店线上订单拣货压力，由门店向封闭小区配送，方便居民一次性购齐。5 月 12 日，物美再次发布"顾客不离店，物美不打烊"的通知，12、13、14 日全部延长营业到最后一名顾客离店，实现自然闭店，并通过调集多个配送渠道资源，统筹物流仓储及履约配送资源，持续做好线上配送服务。满满当当的货架，让百姓的心安定了，也就不再盲目抢货了。

第 7 招：限价管控，稳定民心

多点 DMALL 大数据平台持续 24 小时对民生商品和防疫消杀商品的价格波动进行监测，数字化预测线上线下全渠道销量变化，为保障商家库存提供有力依据。其中，DMALL OS 支持零售企业自主定义涉及限价的品类/货架组，云数仓系统负责按照规则每天计算商品及限价表，包括商品的最高售价和最低促销价；对商品进售价进行限价管控，维护商品促销相关系统，增加系统检核，按商品限价表管控，符合进销差价和最低促销价要求的可以通过，否则系统会发起特殊审批，审批通过后才可变价和促销；POS 系统和自助购系统增加系统拦截，对于超出最高限价的商品限制售出。

应　用

2020 年 1 月，防护口罩一罩难求。多点 DMALL 支持物美以数字化会员服务系统为基础，在北京地区投放 1800 多万只口罩，以每人每日平价限量的方式持续供应口罩，确保首都口罩不断供。顾客可在多点 APP 线上下单、门店线下自提，既有效避免恶意和恐慌囤货、高价倒卖，又最大限度地平价供应、惠及普通民众，减少人群排队、抢购、聚集等。

此外，在多点 DMALL 大数据平台的支持和系统价格管控之下，肉菜蛋奶等生活必需品常年保持低价经营，尤其在新冠疫情等特殊时期，更以足量、低价投放市场，力保市场稳定。

第 8 招：快速变阵，全员履约

在线下门店闭店，收银、理货等岗位员工暂时空闲，线上订单暴增，拣货、配送等岗位员工稀缺之时，数字化任务系统可快速调配人手，为收银、理货等岗位员工开通拣货、配送等权限，不需要培训，更不需要复杂的排兵布阵，按照系统给出的拣货动线、路线优化即可上手拣配，一部手机或手持设备即可支持全员"上手"新岗位。此外，针对员工被封控在小区或无法到岗的情况，通过数字化智能排班系统可智能调配、迅速补位：员工提报给班信息→店长确认给班→智能排班管理→执行排班计划，不但省去了店长的人员沟通协调成本，更让所有员工的排班出勤一目了然，关键岗位人手充足，人效、坪效等各类数据清晰可见。

应 用

2021 年 10 月 18 日，银川出现新冠疫情，随即进入全市抗疫状态，米面粮油等百姓生活必需物资需求急剧上涨……屋漏偏逢阴雨天，新华百货森林公园店和蓝泰店因疫情紧急闭店，新华百货 2192 名员工居家隔离，关键时刻，能"上阵打仗的兵力"不足 65%。

为了真正让顾客安心、放心，多点 DMALL 平台启动大数据监控及预警机制，及时调配区域拣货及配送人员，对订单量较大门店调配配送工具，最大化提升疫情期间商家拣配及人员效率，同时通过围栏调节、阈值管控和时效调节，展示顾客对购物期望值的透明度，大大优化疫情期间的门店效率及顾客购物体验。

　　针对小区封闭不能外出、线上订单激增、拣货人手不够的问题，多点DMALL的零售云通过后台权限设置，为前来支援人员开放拣货权限，APP拣货流程简单智能，跟着手机屏幕提示逐步操作，不需要培训即可快速上手，每个人都能化身为一专多能的"战士"；智能排班系统迅速调节门店拣货、补货、收银人手，人员高效整合，在线调配一人多用，确保门店安全、有序营业；智能分单系统打通多个购买渠道和交易端口，从每个路区的订单数量、紧急程度等维度，优先分配、统一调度，集中配置资源高效完成订单。与此同时，通过DMALL OS，新华百货全渠道中台接入美团、饿了么等外卖平台，不但分散了配送压力，也尊重了客户的消费习惯，同时开启"拼团+社群"的保供模式，提高配送效率，给予封闭社区更多保障。

　　从疫情发生，35%员工居家隔离，全市进入抗疫状态，到线上订单日均过万，门店线上线下无碍开放，新华百货打赢这场抗疫保供攻坚战用了整整30天。30天，达成线上订单54.8万件，日均峰值26286件，且全部准时送达，95家新华百货门店通过围栏共享、小区一对一精准配送等数字化调配管控，服务了近50万名银川居民。

第9招：混合作业，全链调配

　　为提升效率与消费者的整体体验，多点DMALL在线上线下一体化全面数字化的基础上，采用多模式、多渠道混合作业的方式联动各方，通过O2O即时配送、次日达、仓库直发、到店自提等多种物流模式，实现了特殊时期的高时效、保供应、保配送。整个供应链的所有环节，包括订单、库存、运力等数据，全部打通，实时共享，做到实时调配、灵活调整，节约供应链和配送资源。

应用

　　自2020年起，多点DMALL与物美等合作推出"社区抗疫提货站"，采用多模式、多渠道混合作业的方式，联动各方提升效率及客户体验，如"社区抗疫提货站"售卖的套装产品，是在消费者下单后，按需安排生产加工，从大仓直接运送到社区站点的，O2O、全球精选的自有选购订单，仍然通过门店拣货配送。整个供应链的各环节，包括订单、库存、运力等数据，全部实时打通、实时调配，有效节约了供应链和配送资源。其中，多点 DMALL 与合作商超共同推动的生鲜标准化也起到了很大作用，标准化的菜肉单品及由此组成的套装，大大提升了拣配效率及安全标准。

第 10 招：智能分单，全局最优

用户在线上下单后，通常要经过订单下传、拣货分单、打包合流、配送分单、订单妥投、用户评价共 6 个环节。其中，拣货分单和配送分单因涉及人工手动分配而效率极低。智能分单采用算法智能分配，建立订单池和拣货员池，在检查待分配订单后，按照拣货员效率优先、订单批次时效优先的原则，智能合理分配，再将任务推送至拣货员，拣货员确认拣货后形成闭环。相较人工分单、抢单等其他形式，智能分单全局最优，分配速度最快，分配结果最佳，彻底解决了分配慢、分配超时、熟人分配、部分订单无人抢等问题，让门店拣配效率最大化，提升了商家整体履约质量，改善了消费者体验。

应 用

对于线上订单突增，对应的拣货或妥投量上不去的问题，全渠道中台可对接各个平台订单，对美团、饿了么等多个 O2O 平台进行统一运营和管理，合理调配资源，并通过智能分单功能优化拣货效率，将同一时间段的多个订单商品拆单，相同品类的商品分给一个拣货员以提高拣货效率。比如，将生鲜类商品分给一个拣货员，将休闲食品分给另一个拣货员，这样拣货员只需去一个区域拣货，走动范围更小，路线更熟悉，拣货效率更高，用时更短，待区域拣货完成后，再进行合单，整个过程都由手机或手持设备扫码验证，流程规范，有效减少缺漏拣错等情况。

第11招：上下联动，数字仓储

包含仓库管理系统、物流商家中心、库存中心系统，以及入库管理、出库管理、在库管理、数字化监控等功能模块的 WMS 系统，通过仓储间数据彼此打通和共享，实现整个物流仓储的统一管理和公司的联合经营。此外，系统将仓库的作业流程、拣货动线等优化后，还提供硬件和对应的配套维护设备及人员培训服务，以便提高仓库的运转效率。

应　用

于 2021 年底上线 WMS 系统的某国际零售巨头仓库，通过仓库管理系统、物流商家中心、库存中心、叉车操作系统共 4 大系统，入库管理、出库管理、在库管理、数字化监控共 4 大功能模块、18 小项功能，以及 6 套集成和 8 种智能化硬件设备，在满足代码扫描/渗透性测试、架构审查、云安全评估、MFA 登录及账号管理共 4 类安全管理要求的基础上，大大优化了仓库进出货流程及效率。

在系统上线后，收货流程从原来供应商预约直到商品实物上架需要 1 天多的时间，缩短到现在只要几个小时，速度提升 47%；原来完成 1 天的收货作业需要单击 40000 次鼠标，现在工作量减少 50%，并且全程不需要手动输入代码，所有操作动作、作业流程均可视化，效率提升 45% 以上；以前供应商核销结账要排长队、手动打印对账清单、人工复核，现在通过供应商自助智能操作系统，可以线上预约、电子对票、大屏自助核对，操作简单且效率极高；在出库管理模块中增加批次管理、波次管理及货量预测功能，既让商品的实时动销全程数字化、可视化，又能提醒仓库根据出货量提前准备车辆及容器来装卸、存储；在库管理模块可根据实际情况选择按需补货、计划补货、安全库存补货、自动补货等模式，以前拣货还要整理订单数据归集到不同波次，每次起码需要 2 小时，现在只要单击波次释放按钮，几分钟内就能完成，仓库运营效率大大提升。

第12招：私域运营，全渠道购

在新冠疫情特殊时期，部分街道、社区封闭管理，甚至周边的商超、便民店也暂停营业，不但生活物资告急，找到货源后的配送也成了问题。在街道、居委会及物业的协调安排下，门店就近深入社区连接客户，开启"拼团+社群"保供模式，线上小程序、APP、拼团、第三方平台等全渠道一键开店，覆盖用户购物全场景。无论小区封控还是门店暂时闭店，用户都可自由下单，门店全渠道统一管理履约，不但优先保障辖区百姓的生活需求，更极大地降低了社区物业开展防疫管理的难度与风险。

应 用

多点DMALL助力130多家零售企业建立自己的私域体系，比如麦德龙APP、广东7-Eleven、物美等小程序生态，还有众多商家的社区微信群。多点DMALL与腾讯合作提供了一套从公众号到企业微信，再到小程序的私域流量解决方案。

以麦德龙为例，数字化触点赋能会员个性化营销，可以多场景、多维度触达会员，有效提升会员活跃度和黏性；依托多点DMALL小程序的拉新工具，截至目前已有超20万人领取麦德龙会员体验卡，体验卡有效降低了顾客入会心理门槛，促进会员拉新转化，会员数字化附属卡的累计激活量超70万张，也为门店带来了可观的客流增量。2022年上半年，虽然北京、上海等地门店都不同程度地受到了新冠疫情的影响，但"6·18"期间，麦德龙销售成绩亮眼，APP线上业务销售额同比增长近6倍，自有品牌商品销售额同比增长近7倍，并且第二季度全渠道订单数和客单价均实现正增长。

第 13 招：门店调拨，店仓一体

多点 DMALL 的数字化系统支持线上仓库与线下门店一体化（在新冠疫情突发、门店临时闭店时，可直接化身仓库为消费者提供线上服务），同时通过重新配置相关门店的履约区域，为对应小区分配保供门店，并对订单量实时监控，根据订单分布调节围栏运力校验占比，根据不同小区订单增幅明确找出接驳点的有效位置等，实现对封控区域的全面保供。其中，O2O 及时达订单还可拆分到不同店铺来消化配送，确保当日订单全部闭环。

应　用

2022 年 1 月，北京市丰台区的万柳园小区因新冠疫情原因临时封控，所有人员禁止外出。几乎是同时，北京物美丰台双创店的线上订单就有了反应：往常单日不过百单的万柳园小区，订单数瞬时上涨：100、200、300……很快就触发履约订单量极限而自动停止接单。物美集团履约指挥部迅速行动，调节门店配送范围，同时共享给距离最近的丽泽桥店，与双创店一起全力保供万柳园小区。不到 10 分钟，在多点 APP 上，万柳园小区已经恢复正常下单，收到订单的物美北京丰台双创店和丽泽桥店开始同步拣货配送。与此同时，后台项目团队把"全球精选"品类的次日达与 O2O 到家品类及时达进行了组合，一旦发现及时达有超量迹象，就可马上增加多点 APP 上的"全球精选"权重，利用"全球精选"物流直发门店的优势，缓解门店的拣货压力。

2022 年 1 月，物美燕郊店线下临时闭店，线上订单暴增。门店快速变店为仓，对门店的管理也迅速转化为对仓库的管理，比如，所有商品的摆放，从如何陈列促销，变为如何摆放易拣货，畅销品重新规划放置在通道附近，物流到货整板直接落仓拣货。店长通过手机工作台中的 DMALL OS 数据看板，可实时掌握订单履约情况。

第 14 招：自助收银，减少聚集

为避免门店顾客排队结账聚集、优化顾客体验，多点 DMALL 上线了手机自助结账的"自由购"方式，门店顾客可通过手机上的多点 APP"自由购"自助扫码结账，完成支付后，顾客将生成的二维码"付款凭证"在出口处的核验屏上一扫，核验大屏就会显示该笔订单详情，便于店员核验。此外，收银区还放置自助收银设备"自助购"，顾客可自助扫码结账，收银区通过智能防损设备，可有效识别自助结账中的异常行为，既能在恰当时候为需要的顾客提供帮助，又能大大降低损耗的发生。对于习惯人工收银的顾客，还有多点 APP"秒付"。顾客只需拿出手机摇一摇，就会自动弹出二维码，会员优惠、支付促销、积分累积等权益尽在掌握中。在疫情期间，这些举措不但最大限度地减少了顾客排队等候聚集，更大大优化了顾客体验，优化了门店收银效率，降低了收银人工成本。

应 用

2020 年 2 月 4 日，从方案设计到建成交付仅用 10 天，总建筑面积为 3.39 万平方米、编设床位 1000 张的武汉火神山医院正式投入使用。医院内由武汉中百集团承接上线的无人超市，从接到建造指令到顺利建成，仅用时 24 小时，营业第一天就成功接待了 200 多位顾客。其中，为了最大限度地降低病毒的传播风险，超市内不配备收银员，仅通过即插即用的多点 DMALL 自助购智能系统和设备，不需要复杂的人员调配、管理，便可实现顾客通过手机自助扫码结账完成购物。既减少了人与人之间的接触，阻断了病毒传播风险，也实现了 24 小时不间断服务。2020 年 4 月中旬，在连续"服役"57 天后，随着最后一批患者转院，武汉雷神山医院实现患者清零、正式休舱，多点 DMALL 自助购设备也光荣"退役"。在这一极端情况下，多点 DMALL 自助购为雷神山医院的 3000 余名医护、志愿者提供了服务，完成了超市、设备工作人员全部零感染的神圣使命。

第 15 招：无接触达，安全到家

特殊时期为避免人群聚集，根据区域监测情况可动态调整门店银线的开通数量，即当排队人数超过 1+5 人，并且排队时间超过 5 分钟时，自动推送告警，便于门店增设收银人手及结账通道，从而有效缓解线下门店的客流聚集，构筑安全距离防线。此外，开通"无接触式"社区抗疫提货站，整合社区便民资源，用户线上下单，凭短信到小区附近服务站点在安全距离内自提到家，购物、结账、提货全程无接触，用户还可通过填写地址、电话、订单备注等方式，与配送员协商商品放置的指定位置，送达后，配送员将通过电话和 APP 等渠道通知用户自行取货。

应　用

疫情期间，为配齐居民"菜篮子"、装满"米袋子"，最大限度地确保居民安全，多点 DMALL 联合物美集团在全国范围内推出"无接触式"社区抗疫提货站。虽然执行时间紧、任务重、安全要求高，但多点联盟中有 100 多家连锁商超积极参与，无接触式自提网络体系迅速向全国铺开，以多点联盟之力，全力保供应、保价格、保质量、保安全。自 2021 年 2 月 10 日启动以来，"无接触式"社区抗疫提货站已在北京地区超过 5000 个社区开通；天津市内六区、环城四区及滨海新区同步设立站点，天津全市范围开通 1000 家提货站；新百连超也投身其中，在银川全市范围内开设了新百多点社区抗疫提货站。

第 16 招：数字中台，一键管理

多点 DMALL 的全渠道中台系统重点解决了零售企业同时接入多个 O2O 平台的运营管理问题。因不同平台在商品品类、促销政策、拣货方式、消费者群体等方面存在差异，因此对企业的运营能力和履约能力是个不小的考验。多点 DMALL 的全渠道中台系统可对多个 O2O 平台进行统一运营和管理，并提供全渠道促销运营解决方案，将订单、库存等数据打通，实现不同O2O平台"一个终端、一套流程、一次对接"，提升企业O2O的运营能力和效率。

应用

2022年1月，燕郊因新增感染病例导致物美燕郊店线下客流骤减，线上订单暴增。店长通过手机工作台的DMALL OS数据看板，实时掌握订单履约情况。一旦发现订单突增，对应的拣货或妥投量上不去，便可在后台系统调配资源，启动全渠道拣货模式，开通多渠道配送接口，对美团、饿了么等多个O2O平台进行统一运营和管理，一键调整多平台商品品类结构和展示顺序，增加民生品保供力度，并通过DMALL OS优化配送线路，集中小区集中履约，有效提升配送效率。正是因为打通了与消费者沟通的线上线下数字化渠道，相较于正常时期仅占总销量20%的线上销售，在线下门店闭店时，物美燕郊店的线上销量迅速增加5~6倍，甚至超过原来全渠道销量之和。

第17招：虚拟门店，全面统筹

数字化零售在打通物资到居民小区"最后一公里"中发挥了重要作用，"虚拟门店""流动超市"等服务让广大上海居民在足不出户的情况下也能逛超市：一方面，"虚拟门店"灵活调整、覆盖履约范围，客户可在线上挑选经过精准设置的刚需物资，依靠大数据助力社区协调紧张的运力资源；另一方面，"虚拟门店"以更具差异化的简易版APP形式，下架不必要的商品分类页面，大幅缩减商品数量，借助DMALL OS的大数据平台精选居民居家必备的刚需生活防疫物资，优化线上下单体验。

应用

2022年4月，为保障更多上海消费者能线上下单，多点DMALL基于此前为麦德龙上线的全城配服务，6小时输出"虚拟门店"解决方案，电子围栏根据管控级别动态灵活调节，根据云仓库存、生产力及运力状态，快速调节线上运营策略，灵活调节保供商品套餐。在"虚拟门店"方案上线前，门店 5 公里之外的消费者无法线上下单，在"虚拟门店"方案上线后，消费者打开麦德龙 APP 或多点 APP，系统便会自动匹配最近门店的商品、库存和价格，并且不同门店会根据周边居民消费习惯匹配不同商品，高效完成了上海主要城区的蔬果蛋奶、米面粮油、母婴类等生活用品的保供工作。

第 18 招：商策坐镇，运筹帷幄

数字化不仅能帮企业经营降本提效，对拉齐企业内部管理水平也有极大帮助。门店销售实时报表、线上订单履约分析、员工管理等所有数据全部汇总在手机工作台（DMALL OS 移动版 APP），基于智能数据系统帮助店长处理各种决策，既将店长从办公室报表中解脱出来，更以大数据的科学严谨弥补店长个人经验主义和信息误差带来的决策盲区。门店所有经营数据全部在总部实时同步，便于总部全面统筹调度。

应　用

内部流程的数字化也是企业增长的巨大动力。麦德龙整体切换 DMALL OS 后，把原本线下的纸质审批流程，诸如招投标、新品审核、差旅报销等，全部实现线上化、移动化和数字化，从而形成一个"数据驱动、任务到人、逐级解决、实时响应"的闭环系统，明确流程负责人，关键节点追踪到人。这样一来，麦德龙能够清楚地了解每一个业务流程审批节点的耗费时长，哪些节点出现退回或异常，以便帮助企业发现并疏通拖慢内部效率的卡点。与此同时，每一个业务流程的业务负责人会根据使用者的反馈，持续优化线上审批流程，形成良性的内部闭环迭代机制，提升内部办公和审核效率。比如，手机工作台上的 NPS 流程满意度闭环功能，任务完成后相关员工会收到一份满意度调查，针对业务流程的合理性、操作便捷性、效率提升度等方面给予反馈，从而大大提升了工作效率。

第二节　谁是最可爱的人

数字化转型对于流通企业而言很重要，不但能提升自己的生存能力，也能非常好地满足广大消费者的需求，真正扛起抗疫的主体责任。

——多点 DMALL 董事长、物美集团创始人　张文中

2020 年伊始，突如其来的新冠疫情肆虐全球。

在这个不见硝烟的战场上，既有医务人员白衣为甲逆行出征，也有无数平凡岗位上的无名英雄不计得失舍小为大。

他们，也许没有白大褂，没有救死扶伤的本领，却在数字化系统的智能加持下，冲往"前线"守牢"后方"，为一个个家庭送去柴米油盐，送去安心和踏实。

他们，既没有豪言壮语，也没有太多"崇高"理想，却在最需要的时候，坚守岗位不退缩，夜以继日往前站，用数字技术和血肉之躯担起特殊时期的防疫保供重任。

他们，不是一个人，不止一个团队，却只为同一个目标。

谨以此，向最可爱的他们致敬。

【盒饭财经】疫情之下企业如何反脆弱？多点DMALL这么做

（本文首发于2020年3月2日）

吕俊是武汉中百钟祥店的一名多点配送员，在疫情封控区域配送员奇缺、人手严重不足的情况下，一直艰苦奋战。

市里大大小小的隔离区让人望而却步。某日下午五点，一位用户下了订单，并打电话给门店期望尽快送货。该用户的地址就在隔离区。

在做好防护的基础上，吕俊冒着被感染的风险，在用户最需要生活用品的时候，准时把商品送到。有人问："去隔离区送货不会被感染吗？"吕俊回答："如果人人都怕隔离区，那么隔离区就真的被隔离了。"

武汉中百钟祥店多点配送员 吕俊

吕俊不是一个人在战斗，在他的背后是多点DMALL打通前台、中台、后台的能力。他的故事只是一个缩影。他既是多点前台奔赴在一线的服务者，又是多点文化的表达者，同时也体现出多点DMALL在疫情中强大的中台能力。

判断一家企业是否具有强大的中/后台能力，最好的试金石就是看这家企业在困境中的表现。

疫情成为全球自2020年开年以来最大的一只"黑天鹅"，全球经济被按下了暂停键，对中国经济而言，也是一场严峻的考验。这就要求充分发挥疫情激发的反弹力、活力、战斗力和凝聚力，而抗疫也引发了中国新一轮数字化浪潮。

2020 年原来就是商业分水岭，由 5G、人工智能、物联网、区块链等构成的新一代基础设施已然成型，必将引发剧烈的"商业地壳运动"。随着全球政治、贸易、文化乃至自然环境各种不确定性因素增加，若想在一个 VUCA ［Volatile（动荡）/Uncertain（无常）/Complex（复杂）/Ambiguous（模糊）］的世界里成为幸存者，必须掌握反脆弱的能力。

反脆弱是风险管理大师纳西姆·尼古拉斯·塔勒布提出的概念，是不确定世界的生存法则。他找到并定义了反脆弱类事物：每一个事物都会从波动中得到利益或蒙受损失，脆弱性是指因为波动和不确定而承受损失，反脆弱性则是指让自己避免这些损失，甚至从混乱和不确定中获利。

在这次疫情中，许多公司表现出了自己的反脆弱特质，多点 DMALL 作为一家数字零售解决方案提供商，正在引领国内生鲜快消数字零售平台的路上疾行。在此次疫情中，"多点 DMALL 现象"也引起关注。在此以多点 DMALL 为样本，剖析一家公司如何在压力、混乱、波动和不确定性中找到了崛起的力量。

风既能够吹熄蜡烛，也能让篝火越烧越旺

杨银莉，武汉中百常青购物广场店多点一责（第一责任人），主要职责是协助店长向店里所有员工传达公司的制度文件等。2020 年初，因所在门店属疫情封控区，公共交通停运，顾客出门困难，门店配送单量暴增，恰逢春节，门店人手不足，拣货困难。杨银莉经常一上班就是一整天，十几个小时连轴转，除了要与顾客沟通、协调人员，还要拣货、配送……忙的时候一天只吃一顿饭。

和吕俊一样，杨银莉只是疫情中战斗在一线的若干普通零售人之一。真正的伟大，往往都体现在平凡中。

多点 DMALL 的反脆弱特性，不仅体现出了强大的企业文化，也展现出零售

业数字化技术的嵌入能力。

在火神山医院投入使用之后，一些保障基本生活的设施能否更安全、便捷就变得尤为重要。医院内部开了一家无人超市，既没有售货员，也没有收银员，顾客在买完东西后可自行扫码带走。

值得注意的是，无人超市里摆放的自助购收银机，正是多点 DMALL 的杰作。2020 年 2 月 6 日上午 11 点，多点 DMALL 收到武汉中百的紧急需求，要在店内增加多点 DMALL 的自助购收银机，下午 3 点左右，自助购设备与系统均已在店内调试完毕。

多点 DMALL 的自助购收银机入驻火神山医院无人超市

这是多点 DMALL 的自助购设备首次尝试在无人超市运行。多点 DMALL 是一家数字零售系统服务提供商，与武汉中百的合作始于 2017 年 11 月，主要为其提供全面的数字化转型服务。在疫情期间，消费者感知比较明显的两个变化就是配送到家和自助购"无接触收银"。

多点 DMALL 在一线配送，"无接触收银"缓解了门店的人流聚集，减少了消费者与收银员之间的近距离接触，为武汉市民众的基本生活拉起了一道安全屏障。

在这里可以窥探多点 DMALL 的商业模式，它不是一个纯提供流量入口的平台，而是已与全国 100 多家零售商超达成合作，用于助力全面的数字化转型。多点 DMALL 在这个过程中充当了一个超级中台的角色，是所有合作零售商超的系统保证。2019 年 11 月，多点 DMALL 推出了自主研发、搭建，适应零售业的全面数字化中台操作系统 DMALL OS。

在此期间，多点 DMALL 与中石化易捷、甘肃新乐超市、深圳人人乐集团等百余家连锁店开展合作，相继上线多点 DMALL 智能购、O2O 等服务，完成全国范围内数字零售网络的搭建。多点 DMALL 的商业模式也可以被定义为分布式电商平台。它区别于传统商超和新零售代表：盒马，是去中心化的，只要是多点 DMALL 合作的零售商超，在全国各地皆可享受到多点 DMALL 的服务。

对不确定性所有的解决方案都是以杠铃形式呈现的

塔勒布提出了反脆弱的策略之一：杠铃法则，即杠铃两头非常重，中间依赖一根管子连接，指的是在策略上要拒绝平均主义，由两种方案组成一种不对称性，可减少不利事件造成的影响。

多点 DMALL 找到了自己的"杠铃"，即与合作商超协同，在产业链上游启动"四保行动"，在产业链下游打通"最后一公里"，迅速建立社区抗疫提货站。

2020 年 1 月 30 日，国家市场监督管理总局组织召开"保价格、保质量、保供应"的全国视频会议。会议过后，多点 DMALL 董事长张文中当即表态："面对疫情，面对生命，唯有良心，把老百姓需求放在第一位。多点 DMALL 合作伙伴物美设立 3 亿元平物价保供应专项基金，人工防控认真抓，物美保供不涨价，多点业务上门不断货。物美、多点 DMALL 在行动，战胜疫情决心大。"

防疫、消杀、消毒用品非常紧俏，蔬菜和一系列生活必需品也更加畅销。为此，物美积极开拓货源，到世界各地采买，力求为广大老百姓提供平价、优质的商品。

除了硬性备货，多点 DMALL 还发挥其数字化的威力，利用大数据分析做好销量预估，助力商超动态备货。作为一家零售企业共有的平台，多点 DMALL 拉动全国各地 1 万多家合作店铺积极参与到抗疫行动中来。

从产业角度来讲，"保价格"和"保供应""保质量"并不是一个正相关的概念，即线上平台订单量骤增，若要保供应，就必须加大人力投入，但是人工成本上升后，就很难做到保价格；若因为人力缺口巨大，在疫情期间招收大量员工，那么待特殊情况过去后，这些人力企业能消化掉吗？

为了打破这个矛盾点，并实现"四保行动"，多点 DMALL 须发挥全面数字化的能力。

从数字化产业链的角度分析，当前多点 DMALL 在整个链条的搭建上比较完善，可以通过增加仓库到顾客的配送模式来缓解从门店到顾客的运力问题，从而极大降低人力成本。

物美和多点 DMALL 率先启动"四保行动"

另外，很多小型区域商超因为规模较小，无法独自架构供应链，导致利润不高，菜品的价格也高。为了保价格，多点 DMALL 化身为一个供应链的服务平台，集合所有的区域商超，与下游供应商直接对接，缩减中间环节，提升供应链效率与采购议价能力，可极大地释放利润空间，从而完成保价格的号召。

总体来说，多点 DMALL 用数字化驱动供销产业链，既解决了当下需求暴涨的问题，也能让企业得到良性、持续发展，让保供应与保价格、保质量不冲突。一家企业能在特殊时期拥有反脆弱的能力也体现在此。

杠铃的另一端是在产业链下游打通"最后一公里"。

在春节过后返京人员增多的情况下，多点 DMALL 平台的订单数量激增，配送到家的需求有增无减，与之相对的是配送运力大幅缺乏。在这种情况下，多点DMALL紧急调配资源，制定了配送调节方案及复工方案。目前，在全国范围内合作商超的到家订单已实现当日达，其中，提货站订单能够做到2小时达。

除了恢复当日达，多点DMALL在疫情期间做的最重要的一件事就是在全国范围内推出"无接触式"社区抗疫提货站，并率先在北京落地。不仅如此，多点DMALL还承诺将拓宽提货站的外延，将其价值共享给快递行业、外卖行业及生鲜同行。

社区抗疫提货站

强劲的事物并不太在意环境

在疫情期间，多点DMALL的动作展现了在超级不确定情况下的反脆弱能力。跳出疫情向前看，多点DMALL的反脆弱能力是如何养成的？再向后看，疫情之后，多点DMALL的反脆弱能力会继续延续和壮大吗？多点DMALL是一家具有抗周期性的企业吗？

关于这几个问题，可试着从三个维度来解读。

第一个维度，高扩展。

多点DMALL自2015年创立至今，已经覆盖了29个省市自治区，服务超过13000家门店，注册用户超过8500万人。在多点联盟成立的短短半年时间里，已有百余家商超连锁加入。

虽然从字面意思看，联盟意味着共享，即在技术、商品、会员、服务等能力层面进行多方共享，但联盟的深层含义在于协同，即生意能否做成，关键的一点在于多点 DMALL 与各区域零售企业能否产生深度业务协同。这是多点 DMALL 能否成功打造平台的价值核心所在。

协同最终能否产生，在于是否能为各区域零售企业带来增量价值，只有增量价值产生，联盟协同才会有意义。

中国商超是一个存量市场，随着人口红利的衰减、人力物业租金成本的持续上升，以及线上等其他渠道的分流，零售企业需要通过联盟协同来减轻成本上升压力，并强化各自的竞争能力和盈利能力，从存量中找增量。

正是因为有了多点联盟，多点 DMALL 才能在疫情期间发挥超级中台的作用，比如社区抗疫服务站一经推出，10 天之内就在北京铺开 1500 家。通过深度协同找增量，这正是多点 DMALL 的反脆弱能力展现。

在疫情之后，经过疫情洗礼的多点联盟展现出强大的可操作性和生命力，规模会继续扩大。这是疫情后反脆弱能力的延续。

第二个维度，快迭代。

多点 DMALL 扮演着新零售中枢的角色。多点 DMALL 不只有一款 APP，还能提供多点 DMALL 拼团、智能收银、智能防损、支付、营销、门店管理、数字供应链解决方案、多点 DMALL 商圈数字化解决方案等多种业务。这些业务并不是初始就有的，而是经过一次次的迭代沉淀下来的。

以多点 DMALL 与中百集团合作为例，这期间经历了几个时期。

在双方合作之初，上线了智能购设备，以便减少收银排队，降低人力成本，同时将线下消费者转化为数字化会员，用互联网的用户思维完善用户画像，运营整个会员生命周期。在积累一定的用户后，服务于 C 端消费者的多点 APP 就低成本地推广了 O2O 到家服务等。

在整个过程中，多点 DMALL 系统的各个模块按需配置上线，深入商品、供应链、员工管理等后端，重构、优化各个环节，从而真正带来整体突破。

这是多点 DMALL 不断高效自我更新和快速迭代的体现。正因为有此能力，在疫情发生后，多点 DMALL 才能根据各地的情况，快速调整战略和业务形态，根据各方需求推出一系列的应变举措，比如社区抗疫提货站、武汉火神山医院自助购、社区团购等。这些都是特殊时期应变能力的具体体现。

若想成为一家抗周期性的企业，拥有自我更新和快速迭代的能力是非常重要的，可体现一家企业源源不断的活力。对用户来说，可尽可能减少数字化带来的阵痛，更快速地享受改造后的优化效率。

第三个维度，可持续。

多点 DMALL 的优势在于与深耕一线市场经营的物美充分合作实践，而物美既有与品牌商的成熟合作经验，又有基础体量优势。在零售端，多点 DMALL 能较好理解商超企业的需求和痛点。

试想一下，如果所有的商超都能加入多点联盟，成为供应链的一环，那么链条将得到完善、健康的可持续发展，从而降低成本、提高利润。在 2020 年春节期间，多点平台的 GMV 同比增长 232.2%，新增注册用户同比增长 236.3%；GMV 超过 42 亿元人民币，环比 2019 年 12 月增长 162.2%。

从多点 DMALL 披露的最新数据来看，其在春节叠加疫情的双重因素影响下，多点 DMALL 模式经受住了考验。

在这个超级不确定性的时代，我们很难保证没有新的黑天鹅或灰犀牛事件出现。从这个层面来看，疫情更像是企业的试金石：在疫情中能够存在并扩张的组织模式，一定具备反脆弱能力及强大的生命力。

平台型组织建设的关键不在前台，而在中/后台，即前台能不能"摧城拔寨"，关键在于中/后台能不能提供足够大的动力。在疫情期间，我们既看到了多点 DMALL 展现出的强大的中/后台能力，也看到了多点 DMALL 利用强大的反脆弱能力来对抗超级不确定性。

【金融界】无数个普通的"他们",打赢了这场抗疫保供攻坚战

（本文首发于 2022 年 2 月 7 日）

与肩负救死扶伤神圣使命的白衣天使不同,他们,注定是我们离不开却又习惯性忽视的一群人。

很难用什么词来描述太过普通的他们。如果不是这次疫情,如果不是他们千方百计地把一袋袋米面、一桶桶油隔着小区栅栏塞进千家万户,也许,他们依然不会被看到,他们也依然默不作声,不会有丝毫不甘或委屈。

零售,为的就是柴米油盐,为的就是普通人的烟火气。

他们,不是一个人,不止一个团队,却只为同一个目标。

不是一个人

赵变清从没想过有一天自己也能为抗疫出一份力。

2020 年 1 月 8 日早 10 点,已经到店干了 2 个多小时活儿的赵变清突然接到店长姜斌通知:个别小区可能被封控,大家做好自身防护和加班准备,不能回家的人门店统一安排免费住酒店。

赵变清

几乎是同时，赵变清所在的物美天津津南区香缇广场店的线上订单量快速上涨。"平常我1天也就拣200多品，那天还没下班就已经拣了400多品，米面粮油都补了几次货。"赵变清说。

中午12点半，物美集团天津公司总经理李国辉、物美集团天津西区区总史洁赶到香缇广场店，和DMALL OS项目组开现场会。

- 一方面，香缇广场店作为唯一保供津南全区的大店，肩负着给周边小店调货补货的重任。根据DMALL OS自动补货系统和各店反馈的顾客搜索关键品，姜斌马上调整补货需求，尤其加大生鲜品类的补货量。这边补货需求下单完毕、货物整装待发，那边已经拿到津南商务局送来的保供车辆通行证，保供运输争分夺秒。

- 另一方面，线上订单短时间内翻了几倍，门店却人手不足，如果调配不力，非但无法为更多人送去"粮草"，恐怕连现有配送范围内的订单也无法及时妥投。李国辉没再耽搁，先将香缇广场店配送范围调至20公里，划定重点小区，同时与志愿者沟通配送时间，动态适配线上订单量，确保覆盖广、接单必达。

赵变清清楚地记得，那天自己拣的最多的一单是43品，几乎全是米面粮油等生活必需品，因为超重，第三方快递发不出去，只能请店里的理货员吴刚帮忙送货。再到后来，吴刚也跑不过来了，总部派来支援的一体化负责人王昭庭先是开着自己的私家车送货，后来干脆雇了辆金杯车专门配送米面粮油类的超重大单。

从刚得知消息时慌乱无措，到20多天来哪里需要往哪里扎的连轴转，赵变清的心里已被结结实实地被需要、被看到的使命感和荣誉感填满。

"人家都问我，津南有疫情了，躲都来不及你咋还往里面跑？就是董事长说的，面对生命，唯有良心，都这时候了，咱能派上用场，被那么多人需要、信任，再有危险也得上。能为抗疫出一份力，真的挺自豪。"越变清说。

不止一个团队

"大姐，我家配送员被封控在小区里出不来了，怎么办啊？"接到双创店长李强的电话时，物美北京丰台二区区总钱崇然的心里一沉。很快，疫情通报就来了：丰台万柳园小区因疫情被封控，所有人员暂停外出。

几乎是同时，丰台双创店的线上订单就有了反应：往常单日不过百的万柳园小区，订单数瞬时上涨：100、200、300……很快就触发履约订单量极限而自动停止接单。

怎么办？

钱崇然马上给物美集团履约中心到家履约组组长苏敬美打电话：万柳园线上订单突增，双创店履约能力不足，可否马上启动应急预案？

几乎在收到钱崇然启动应急预案请示的同时，物美集团履约中心指挥部也从数据监控中发现了双创店订单的异常起跳。

苏敬美马上召集履约中心指挥部的相关人员，明确需求、落实分工，调整门店配送范围，同时共享给距离最近的丽泽桥店，与双创店一起全力保供万柳园小区。

眼看拣货率、妥投率快速回升，钱崇然这才把悬着的一颗心放下来。

而在小区里的配送员也收到了新任务：和小区物业、保安一起组成志愿者团队，到小区门口接由门店金杯车拉过来的订单包裹，再逐一送到下单顾客手中。

高峰时期，万柳园小区的订单量甚至达到往常的数十倍，但所有订单全部按时送达，当日履约全部闭环。

从初闻封控消息时的焦虑，到小区订单悉数送达的激动，多点 DMALL 的数字化系统在关键时刻靠得住、顶得上、干实事，这让钱崇然打心眼儿里自豪：聚焦重点小区，线上调整下单配送范围，周边门店能在第一时间上线响应。"真不敢想象，如果没有多点 DMALL 的这套数字化系统，单靠人力线下沟通、协调，结果会怎样。"钱崇然说。

只为同一个目标

下午 6 点，物美燕郊店店长王言岩的 DMALL OS 数据看板显示，线上订单履约率已达 80%，他知道，今天订单全部闭环的目标又实现了。

在他的看板上，拣货量、妥投量数据实时更新，应履约总量多少，拣完多少，妥投多少，各种柱状图、饼状图一目了然，这让他心里格外有底。

一旦发现订单突增，对应的拣货或妥投量上不去，王言岩会立刻在多点后台系统调配资源，启动全渠道拣货模式，开通多渠道配送接口，必要时总部也会派其他门店支援，总之，一定要保证线上订单闭环，以及满足居民的基本需求！

在疫情突发之时，燕郊相关部门反应迅速，在第一时间采取措施避免疫情扩散，随之而来的是物美线上订单急剧增加，王言岩依据物美总部在多次保供抗疫中积累的经验，在配送线路上做起了文章。

集中小区集中履约，让更多需求被更快满足

门店通过 DMALL OS 按路区分单，优化配送线路，集中小区集中履约，不但大大节省物流配送来回的周转时间，更有效地提升了配送效率，让更多订单更快送达。

物美燕郊方舟店店长李辉对此也深有感触。

配送人员在全力配送

燕郊发现疫情后，线下门店客流骤减，线上订单暴增，尤其米面粮油蔬果生鲜需求量急剧增加。物美北京总部在收到补货需求后，连夜装货出发，赶在到达前就拿到了燕郊相关部门特批的保供车辆通行证。而门店早已做好接货上架准备，收银员、理货员按照订单拣货、打包、配送，资源统筹人员调配迅速、高效，一气呵成。

工作虽千头万绪，但李辉心里却无比笃定。时段监控、路区监控、重点小区下单监控，甚至骑手体温录入，全部实时可见。从锁定封控小区完成配送范围配置，到规划履约单量在线实时调整，大家连日来的紧张不安逐渐消融。

"经过这次疫情大考，咱算是真正见识了多点 DMALL 数字化的厉害，后台保障系统给力，所有工作都不慌不忙、有条不紊，咱就有底气，越干心里越踏实，这场抗疫保供攻坚战，咱准赢！"李辉说。

冬将尽，春可期。

感谢每一位在平凡岗位上默默付出的零售人，致敬每一位在危急关头无畏逆行的无名英雄。

愿疫消云散，繁花与共，待冬去春来，家国团圆。

第四章 第三方视角：致敬时代记录者

Third Party Perspective：Salute the Era Recorder

4

Chapter

无论时代如何变迁，记者"无冕之王"的桂冠都不会被磨灭。

他们，以一线为战场，以内容为武器，剖析行业，针砭时弊，记录时代，传递声音。

他们是探索者，是见证者，更是传扬者。

社会进步离不开他们，企业发展离不开他们，商业创新更离不开他们。

感谢他们的每一次看见与认可，使零售数字化的道路走得更坚定。

更感谢他们的每一次建议与鞭策，能够使企业防微杜渐，不断进步。

不忘初心，他们，铁肩担道义妙笔著文章，为社会发展与激浊扬清而奔走疾呼。

不忘初心，我们，积土而为山，积水而为海，为全球零售业数字化转型不懈努力。

感谢他们的记录与传扬，见证全球零售业数字化的变革正在发生。

第一节 【中国国际经济交流中心课题组】以数智化为底层结构重构实体零售，助力行业高质量发展

课题指导：姜增伟 全球服务贸易联盟理事长、商务部原副部长

课题组组长：陈文玲 中国国际经济交流中心总经济师

（文内引用数据截至 2021 年 12 月）

多点 DMALL 自 2015 年成立以来，始终坚持全面数字化与彻底回归商业本质，以数智化为底层结构重构实体零售，为流通企业创业、转型、进化提供全面的技术支持。打造的一站式全渠道数字零售解决方案——零售云，不仅技术成熟、领先，而且抓住了行业普遍痛点，对实体零售全面数字化发展，带动流通产业提质增效起到了重要作用。截至目前，多点 DMALL 已为超过 120 家连锁零售企业、850 家品牌商提供基于云端的数字化解决方案，业务覆盖中国、新加坡、柬埔寨等国家和地区。

实体零售数字化，是现代流通产业发展的必由之路

数字经济已成为产业转型升级的重要驱动力

我国高度重视数字经济，"十四五"规划明确提出"打造数字经济新优势"，将数字经济发展和数字化转型的目标与作用提高到国民经济的高度。日前，中共中央政治局就推动我国数字经济健康发展进行第三十四次集体学习，

中共中央总书记习近平在主持学习时强调："要站在统筹中华民族伟大复兴战略全局和世界百年未有之大变局的高度，统筹国内国际两个大局、发展安全两件大事，充分发挥海量数据和丰富应用场景优势，促进数字技术与实体经济深度融合，赋能传统产业转型升级，催生新产业新业态新模式，不断做强做优做大我国数字经济。"

统计数据显示，2020 年我国数字经济规模已经达到 39.2 万亿元，稳居世界第二位。在此背景下，数字化为传统产业转型指明方向。传统产业数字化转型不是"另起炉灶"，而是利用数字技术推进质量变革、效率变革、动力变革，实现企业全流程、全链条的改造，以及产业层面的数字化、网络化、智能化发展。

实体零售数字化，是流通产业转型和促进创新的重要突破口

2020 年，我国社会消费品零售总额为 39 万亿元，线下零售占比超过 70%，消费已成为经济增长的第一驱动力。实体零售作为我国消费品市场主渠道，在为社会做出巨大贡献的同时，面临较高的店铺成本、人工成本，以及行业集中度较低、"连而不锁"、信息孤岛等问题。随着市场竞争加剧、消费者购买行为转变，以及新技术的快速应用，中国流通企业的发展面临着一个历史性的整合机遇，实体零售企业数字化转型，是适应市场需求的必然选择。

零售数字化的目标就是帮助企业更好地优化经营、提高效率、创造价值。2020 年 12 月 4 日，胡春华副总理到物美门店视察，在讨论实体商业如何数字化的问题时，多点 DMALL 董事长张文中回答："实体店一定会存在，但一定是经过了彻底的数字化，经过了完全的改造。实体店有不可替代的功能，能提供很多线上无法满足的服务。"推进实体零售数字化，不仅有利于复用社会资源、降低成本，实现包容性发展，也有利于保障就业，共享数字化带来的成果和收益，还有利于创造公平竞争、创新创业的良好环境，助力中小企业的发展。彻底数字化转型、智能化升级是中国流通业崛起的必由之路。

多点 DMALL 助力实体零售全面数字化的总体思路

很多传统企业认为，零售数字化就是打通网络渠道，建立线上商城，这种片面的认知没有抓住数字化的本质。多点 DMALL 通过实践深刻体会到，实体零售要想实现真正的线上线下一体化，必须进行全面的数字化。所谓全面数字化，就是用数字化的理论、技术、方法，对产业进行全面的解构、重构，建立一套基于云端的以数字化为基础的新的系统来支持企业整体运作，简化、优化、一体化是数字化的方法论。

多点 DMALL 助力实体零售数字化的总体思路：一是为零售企业提供完整的线上线下一体化解决方案，助力新业态、新模式发展；二是依托零售云，帮助企业打破会员、门店、商品、供应链之间的数据壁垒，助力商业模式转型；三是赋能产业上下游，通过数字化促进供应商、物流商、制造商和零售企业的无缝衔接、互认标准和协作及时，助力构建数字化下的新型零供关系。

以消费者为中心，助力实体零售线上线下一体化发展

"多点+" 助力实体零售线上线下一体化

多点 DMALL 董事长张文中认为，传统零售向线上线下一体化转型过程中，最科学的办法是实现资源复用，多点 DMALL 创立的初衷，也是希望为实体零售提供一个共享的平台，实现包容发展。多点 APP 与本地零售的线下门店结合起来，消费者可以在线上选购本地零售企业的商品，选择到店自提或配送到家，使得实体零售企业也具备了电商能力。截至目前，多点 DMALL 已与 120 多家实体零售企业达成合作，助力实体零售企业为 2.37 亿用户提供数字化服务。

线上线下一体化扩展了实体零售服务场景

以物美为例，多点 APP 下单、30 分钟配送到家已经成为服务标配，并持续

保持了 99% 以上的履约率。单一卖场也扩展成为"三个场"：一是"现场"，即遍布全国的 2000 多家门店，给消费者提供即时购的服务；二是"近场"，即通过多点 APP，应用"店仓一体"、电子围栏和拣货流程优化等技术手段，提升门店拣货效率，做到 3 公里商圈内半小时送达，为消费者提供便利服务；三是"远场"，通过在多点 APP 开设全球精选栏目，为消费者提供更丰富的商品，消费者下单后，次日送达，更好地满足计划性采购的需求。

应用：多点 DMALL 帮助麦德龙中国加速数字化，提升 C 端服务能力

面对数字化浪潮和快速增长的消费者需求，麦德龙中国急需实现全渠道运营，以提升 C 端市场服务能力，重塑核心竞争力。

2020 年，麦德龙中国开始上线 DMALL OS，全面开展数字化改造。在数字化会员层面，采集会员全渠道的行为数据，通过梳理会员数据指标体系，形成用户画像并持续迭代，设立用来度量用户行为价值的会员成长值，通过等级和对应的权益来提升会员的忠诚度，实时监测线上、线下消费数据变化，精准服务会员。在线上业务方面，多点 DMALL 帮助麦德龙中国对门店进行了线上、线下一体化改造，打造定制 APP 和专属小程序。系统算法帮助麦德龙中国进行智能选品，在保留麦德龙自有品牌优势的同时，根据 C 端用户购买偏好调整商品结构。在履约方面，设立数字化交付中心，相对传统 2C 商超门店，在订单实施与交付模式方面进行创新。最为突出的是拣货模式的优化：通过数字化技术，结合业务需求，进行错峰配送，实现 B2B 与 B2C 的全渠道配送。

在多点 DMALL 的帮助下，麦德龙中国全渠道业务取得快速突破：在数字化会员方面，实现分散的会员服务和使用场景的统一，用户在 APP 上可以享受积分兑换、会员权益查询、会员价商品购买等所有服务。上海 8 家麦德龙门店在开展 "PLUS+DMALL" 模式的一个月后，多点 APP 已经有 60% 的用户成为麦德龙的付费会员。到 2020 年底，麦德龙已经拥有 80 万付费会员，会员销售量增加了 5%，购买频次提高了 40%。在线上业务方面，截至 2021 年 2 月底，单月订单量较 2020 年 6 月大涨近 64 倍，电子会员数增长 54 倍，自助购销售占比接近 50%。

在履约方面，实现围栏商圈信息智能化，减少门店商圈的手工维护成本，效率提升 90%。从线下拣货人员依靠"工作群"的方式进行线上订单处理，改为采用分拣合流的拣货方式，以上海普陀店为例，全天无货率降低至 0.46%，实现妥投及时率 100%、拣货及时率 100%。

多点 DMALL 还深度参与了麦德龙首家新概念商场的改造。麦德龙上海普陀商场改造后的来客峰值增长了 92%，开业当月数字化会员占比超过 30%，到店到家全渠道订单量相较升级前提升了 40%。

数字化赋能的实体零售企业在疫情中显现出更强的生命力

2020 年，为了应对疫情，物美、多点 DMALL 快速推进"社区抗疫提货站"末端新型配送模式，客户通过多点 APP 下单后，物美通过自有物流渠道并加强配送环节的防疫管理，及时将订单配送至全国 6200 多个（含北京市 3900 多个）提货站，客户按订单到提货站自提，有效缓解封闭小区、边远小区购物难的问题，避免人流集中交叉感染的风险。在疫情刚发生时，客户"抢购"和"囤货"现象较多，多点 DMALL 帮助物美运用大数据，科学制订上货、补货计划，确保门店货架不空，迅速平息恐慌情绪，给首都百姓吃下"定心丸"。疫情期间，物美北京地区日销售蔬菜超 200 万公斤、肉品超 40 万公斤。在武汉，中百集团与多点 DMALL 合作推广"无接触购物模式"，创新"线上下单+线下自提""对接社区、集中配送"等服务方式，在特殊时期发挥了巨大的作用。

科技赋能实体零售全链条改造，实现降本增效

打通零售全链条，帮助企业实现全面数字化

零售云是 DT 时代一套先进的商业 SaaS 系统，以云原生、单元化、多租户、

异地容灾为核心架构，通过底层技术变革，重塑"人货场"之间的关系和连接，从而实现整个业务闭环。系统为云化部署，可以实现"无感切换"，能为零售企业提供即插即用的SaaS服务。多点DMALL强调业务与技术结合，把行业最佳实践融入系统中，系统的每一次迭代就代表行业的一个进步，这套体系在不停的打造和锤炼之后，会比单个零售企业更懂零售。

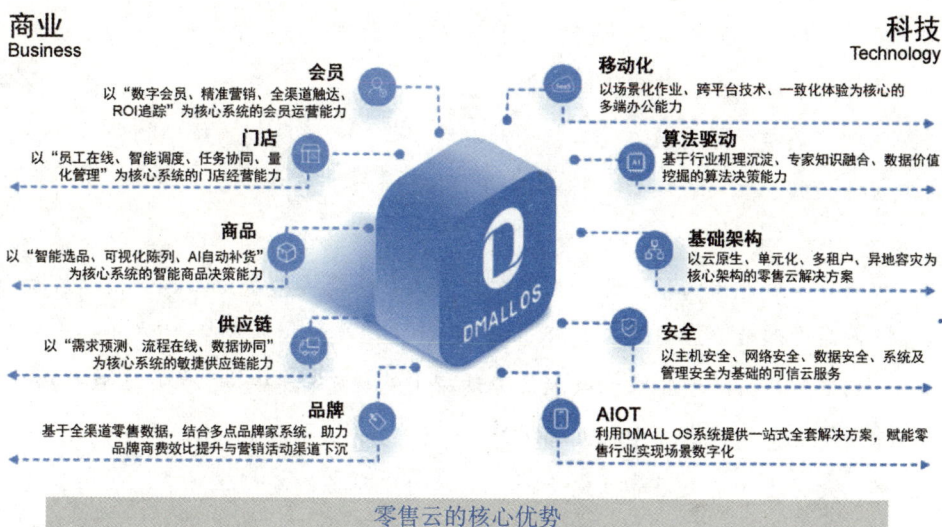

商业 Business 　　**科技** Technology

会员
以"数字会员、精准营销、全渠道触达、ROI追踪"为核心系统的会员运营能力

移动化
以场景化作业、跨平台技术、一致化体验为核心的多端办公能力

门店
以"员工在线、智能调度、任务协同、量化管理"为核心系统的门店经营能力

算法驱动
基于行业机理沉淀、专家知识融合、数据价值挖掘的算法决策能力

商品
以"智能选品、可视化陈列、AI自动补货"为核心系统的智能商品决策能力

基础架构
以云原生、单元化、多租户、异地容灾为核心架构的零售云解决方案

供应链
以"需求预测、流程在线、数据协同"为核心系统的敏捷供应链能力

安全
以主机安全、网络安全、数据安全、系统及管理安全为基础的可信云服务

品牌
基于全渠道零售数据，结合多点品牌家系统，助力品牌商费效比提升与营销活动渠道下沉

AIOT
利用DMALL OS系统提供一站式全套解决方案，赋能零售行业实现场景数字化

零售云的核心优势

零售云涵盖19大系统、800多个子系统，从会员、门店、商品、供应链、品牌等方面实现数字化，可以完全替代之前所有在ERP中运行的业务。服务能力从大店到小店，在规模、环节、业态上实现了对零售业的全覆盖。零售云具有非常大的社会价值。中国零售规模与美国基本接近，但单体企业规模偏小。沃尔玛在美国本土市场的销售额就有3500亿美元，而中国最大的零售企业销售额只有1000亿元人民币。因此，多点DMALL将在物美等企业实施并验证有效的系统产品和解决方案提供给行业，可以减少中国零售企业数字化的试错成本。

应用：多点智能陈列系统将线下经验沉淀为线上管理能力

实体零售陈列管理存在以下痛点：一是资源有限，依靠人工很难实现动态规划和跟踪，难以实现品牌商和零售企业共赢；二是陈列工作量大、效果无法衡量；三是因门店执行不到位而导致规划与执行脱节，难以统计促销陈列的执行完成率和达标率；四是商品销售变化快，供应链响应不及时。

零售云的智能陈列系统通过"总部制图–门店执行–执行检核–数据分析"的一体化闭环解决方案，将线下陈列业务在线化、数字化、智能化，有效提升有限货架空间的效率、降低人力成本、提升经营业绩。智能陈列系统给物美带来多方面的价值提升：

- 一是人效产出明显提升。制图人员使用系统提供的制图工具，快速提高制图质量和效率。门店人员通过手机 APP 接收可视化的货架陈列任务，按照流程执行。执行后拍照上传云端，由总部定期抽检或 AI 算法自动检核。所有环节的工作效率都大幅提升。
- 二是管理成本大幅降低。清晰、高效的陈列工作流程降低了组织内部管理成本，实现全流程可跟踪、可考核。各环节工作现状、进展和问题都能得到及时协同和解决。
- 三是提高空间利用效率和经营效果。系统通过对门店、品类、单品多方位的坪效分析，可量化陈列转化的实际效果。算法通过匹配每个店铺的消费者特点、货架资源、商品销售表现等，实现千店千面选品和货架资源的个性化分配，最大化地利用门店的有限空间资源。
- 四是业务可拓展性显著增强。陈列系统是打通招商、选品、自动补货等供应链的核心环节，为供应链全链路联通的智能化变革奠定了坚实的基础。

数字化助力企业降本增效、赋能组织变革

2020 年 8 月，物美集团将 SAP 的 ERP 系统切换为多点 DMALL 零售云，

176

是中国零售业数字化的一个里程碑事件。物美通过切换系统实现了六大目标：一是支付数字化，结账效率提高 3~4 倍，使用 APP 结账的比例现已超过 80%；二是用户数字化，物美会员电子化已达 70%，使得用户数据的深度挖掘和分析成为可能，例如，通过数据分析形成的卖场热力图，可以更好地了解哪个区域货架上的商品更受顾客喜爱，指导卖场优化动线；三是营销数字化，实现促销信息的精准触达、智能化推荐，线上销售同比增长 90%，加购转化率提升 18%；四是运营数字化，通过多点 DMALL 的手机工作台，自动产生待办任务，通过任务系统分派到责任人；五是商品数字化，2020 年线上销售同比增长 90%，线上售卖商品已达到 20%左右；六是供应链管理数字化，通过系统和数据的支持，推动整条供应链高效运转，缺货率和库存周转天数分别下降 5%和 40%。

数字化为人赋能，让企业焕发活力

数字化倒逼零售企业实现管理扁平化，门店由原来的四层经营层级（员工、课长、经理、店长）转变为三层经营层级（员工、经理、店长）。推动组织变革、提高人效。以单店每天 6000 客流量的门店为例，上线智能收银系统后，原来收银员 300 单/天的工作量由两个智能购机器所取代，单店节约人力超过 50%。借助数字技术还能以更快的速度培育人才，7-Eleven 培养一个优秀店长至少需要 2 年，多点 DMALL 通过智能系统，可以把将一个没有接触过便利店的员工培养成店长的时间缩短一半。

应用物联网技术，助力智慧商店建设

多点 DMALL 自主设计、研发了适用于零售场景的 30 多种智能硬件产品，已在 90 多家零售企业的 4000 多家门店铺设 460 多万台智能设备；智能防损技术覆盖 1333 个自助结算台，累计处理 416 万个订单，发现 15.1 万条盗损线索，处理 3040 件偷盗事件。从效率、成本、体验三方面帮助商超实现线下场景智能化。

在门店数字化改造中，多点 DMALL 发现很多零售门店原有的设备还比较新，于是采用"利旧"方式将原有普通设备改造成智能设备，帮助门店节约将近 50% 的成本。目前，比较成熟的应用包括 AI 视觉生鲜秤、智能存包柜、智能锁购物车等。其中，购物车智能锁实现了资产的数字化管理，在保证原有应用效果的情况下，减少了物美卖场约 30% 的购物车。

在低碳型理念和降低成本的双重考虑下，多点 DMALL 还开发了智慧节能系统，对门店冷藏冷冻、制热、照明、空调等设备进行智能调控与数据监测，已经实现了 10%~30% 的节能记录。智慧节能系统在北京物美便利店的 235 家门店上线，预计上线 3 年后能带来几百万元的电费节约。

数字化助力零供协同、提升上下游产业协作效率

数字化助力供应链稳定高效

在疫情的大考之下，零售企业面临着商品供应、价格稳定、物流配送等诸多问题，每个环节都需要稳定高效的供应链协同。企业即便拥有完善的仓配网络，也需要借助数字化工具，才能保证供应链持续运转不中断。以雀巢为例，疫情期间，物美、多点 DMALL 与雀巢合作对供应链进行了大量的数字化改进，实现订单自动化处理、数据实时管理和订单流程简化。各级管理人员可以随时查看物美各个门店和仓库的产品、产品有效期和订单处理等细节，实现管理数据透明化与高效化。得益于数字化，雀巢的销售额在疫情期间依旧保持了增长。

数字化助力供应链敏捷协同

"牛鞭效应"是供应链管理中普遍存在的现象。解决牛鞭效应的最好方式是实现上下游实时在线化、降低库存积压、提升供应链运作效率。多点 DMALL 通过系统实现精准需求预测、流程在线、数据协同，改善业务流程与沟通，推进订

货、验收、退货、促销、变价、结算、付款等各环节的实时在线，提高了供应链的透明度、敏捷性和自动化程度。

以"需求预测、流程在线、数据协同"为核心

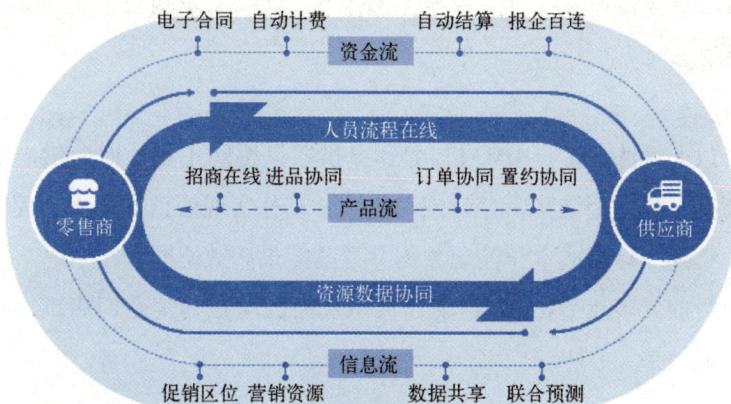

多点推动供应链数字化：流程在线，高效协同

应用：自动补货驱动供应链提质增效

多点 DMALL 通过智能选品系统，帮助零售企业提升门店新品引入效率、有效管理货架排面、降低库存周转周期；智能陈列系统上承品类管理和招商工作，下启自动补货和智能价签，可以打破信息孤岛，助力零供互利共赢；多点 DMALL 自主研发的基于 AI 销量预测的自动补货系统，通过"智能预测–智能补货–订单可视–零供协同"一体化，帮助零售企业准确预测市场需求，实现订单驱动。具体做法：

- 一是大数据预测。系统支持近 3 周的产品销量预测，满足日常补货场景。
- 二是实现智能补货。自动补货系统会结合当前商品库存、未来到货情况、商品陈列、损耗、安全库存、备货周期等，自动计算补货量。系统支持专家干预，结合算法预测与专家经验的优势，给出更高质量的补货

决策。系统进行多维度订单汇总，保证同类订单高效聚合，提升物流作业效率。

- 三是依托业务数据化实现订单可视、可追溯。每日计算缺货率、高库存等核心业绩指标，报警高库存、售罄等急需人工干预的重点商品，帮助快速决策。

基于以上做法，多点DMALL配套提供零供协同工具，面向供应商展示全链路库存情况、提供全链路库存计划和管控，充分实现信息共享、流程在线，提升订货效率、降低订货成本，实现数据共享的零供高效协同。

截至目前，多点DMALL自动补货系统已成功在物美全门店推广使用，取得了四个明显效果：

- 一是周转率显著加快。试点门店缺货率由最高时的7%降至2%以内，库存周转天数由最高时的35天降低到21天以内。
- 二是补货人效大幅提升。30人管理近千家门店，节约门店人力成本约5000万元/年。
- 三是组织管理更加规范。清晰高效的补货流程降低了内部组织的管理成本，总部的商品策略能得到有效保障，而门店把精力放在销售和服务上，分工明确、高效协作。
- 四是助力实现全链条数字化。自动补货系统和选品、陈列、物流等其他系统打通形成智能业务闭环，为供应链数字化转型奠定了基础。

数字化助力产业上下游合作共赢

多点DMALL零售云支持供应链各方在线完成全流程的协同作业，产生的数据以决策要素的形式正在被不断地积聚和利用。基于大数据的数字化工具赋能，创造在全渠道运营、仓网协同、反向定制等多方面的合作机遇。

应用："多点 DMALL–物美–宝洁" 实现端到端供应链效率提升

三方从高效订单、高效物流、档期协同与复盘、优化到家供应链等多方面展开深入合作，基于大数据的数字化工具赋能，实现了供应链全方位、一体化合作。提升订单满足率、门店有货率、网上有货率、优化库存周转，实现了端到端供应链效率的提升。

- 一是推动端到端物流效率提升。实现卸货、分拣效率的加倍提升；物美大仓到门店的配送时间从之前的 48~72 小时加速至 12~24 小时；端到端物流效率从 4 天提升至 36~48 小时；优化送货汇总单结构，异常订单的收货效率提升 2 倍，节省人工 156 小时/年。

- 二是开展基于大数据的数字化工具赋能。通过"采销平台+EDI 数字化订单+订单回告（ASN）"实现订单零供协同和交互。供应商可通过采销平台读取订单、确认订单，并按订单送货；每个订单节省物美 1 小时人工，全面提升货架有效率至 99.5%；建立"档期联合预估管理流程+档期预估数字化 KNIME 模型+档期跟踪及复盘工具模型"，全方位提升档期到货率 99% 以上，库存降低至平均 38 天，档期达成率达 90% 以上。

- 三是实现到家供应链优化。通过多部门合作搭建了专业的网页缺货率平台，跟踪网页售罄率与全天无货率趋势，颗粒细化到店到品，从而扩大线上销售量。

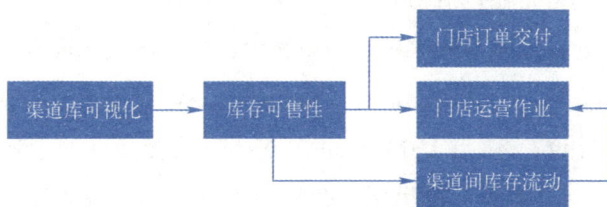

```
渠道库可视化  →  库存可售性  →  门店订单交付
                              门店运营作业
                              渠道间库存流动
```

基于大数据的数字化工具赋能

通过物美、多点 DMALL、宝洁的三方探索，根据产品箱规、露出及历史销量等因素，探索合理的线上安全库存量及补货参数，将全品类网页缺货率从 4% 降至 1%。

随着与多点 DMALL 合作的零售企业不断增加，多点 DMALL 不断得到品牌商的认可。目前，与多点 DMALL 战略合作的品牌商已达 850 家。自与多点 DMALL 合作以来，思念在多点平台的 GMV 实现三位数增长；伊利平均每次大促，全渠道订单同比增长 200%；2020 年，雀巢在多点线上实现了 300% 的增长；多点 DMALL、物美与元气森林合作，创新线下渠道的新品孵化方式，即通过多点 DMALL 的品牌家系统的数据洞察，遴选出用户画像与元气森林新品目标客群最为贴近的 3 家物美门店，在不同门店设置不同的售价，经过采集并分析不同门店的流量、销售额、复购率及用户信息，可以快速预判该新品未来在大卖场中的"销售力"，大大降低了新品拓展线下渠道的试错成本。

着眼国内国外两个市场，推动网络化和国际化发展

以数字化推动渠道网络化发展

从 2018 年开始，多点 DMALL 就已走出物美，先后与武汉中百、广东嘉荣等零售企业开展合作。截至 2021 年 6 月，与多点 DMALL 开展合作的零售企业已超过 120 家。标杆零售企业包括物美、麦德龙、重庆百货、中百仓储、奥特乐等国内外头部零售企业，以及寿康永乐、山东三信、广东嘉荣、贵州宾隆等区域零售企业，覆盖连锁商超、便利店、百货、折扣店、专营专卖等多个业态。除了支撑传统企业的转型创新，多点 DMALL 也在支持新消费品牌的创业，例如，多点 DMALL 为创业企业锅圈食汇提供数字化解决方案，助力企业开展线上线下一体化，以及会员、商品、供应链、门店、上游生产等方面的数字化。

以数字化助力行业标准化发展

标准化是数字化的基础。多点 DMALL 通过数字化和标准化的融合和互相促进，将沉淀的运营经验外溢为行业标准，成为数字零售标准引领者，并通过数字化技术、业务和经营标准流程的深度融合，逐步建立从"一切业务数字化"到"一切数据标准化"的能力，驱动流通方式创新，提高经营效率。

截至目前，多点 DMALL 已经牵头完成《连锁经营零售企业全渠道经营关键指标》（T/CCFAGS 021—2021）团体标准，弥补行业空白，正在起草《智慧物流服务指南》国家标准，《便利店运营规范》行业标准，以及《零售数字化术语》《商品源数据 商品属性信息规范》等团体标准。2021 年 9 月，多点 DMALL 成功入选商务部、市场监管总局两部门推动的"国家级服务业标准化试点"，通过试点推进数字零售国家标准建设，用数字化提升零售业标准化水平，促进行业效率提升，形成数字化转型的可复制推广经验。

探索模式输出、发展国际化

中国零售业已进入线下线上全面融合的全渠道时代，积累的经验模式远远领先其他国家。在全球疫情暴发的 2020 年，多点 DMALL 在国际市场上迈出第一步，将全渠道模式和数字化技术输出到柬埔寨和新加坡等国家的零售企业。签约广东 7-Eleven，成为其唯一的数字化系统服务商。2021 年 8 月，多点 DMALL 与德国麦德龙集团达成国际战略合作意向，探索为麦德龙集团在东欧地区的小型零售企业提供数字化解决方案，并逐步对整个欧洲的麦德龙门店进行全面数字化迭代，这是多点 DMALL 在原有的东南亚市场重心之外，再度向全球迈出重要一步的里程碑。

应用：广东 7-Eleven 1500 家门店全部上线零售云

作为广东省地区 7-Eleven 经营权的唯一被许可方，广东 7-Eleven 经过 29 年深耕，在广州、佛山、深圳、东莞、中山、珠海等 12 个城市开设近 1500 家便利店，占比超过 7-Eleven 中国门店的 60%。

秉持共同打造便利店业态数字化转型标杆的目标，广东 7-Eleven 1500 家门店及 3 个配送中心已全部上线零售云，形成了从用户、门店、供应链、加盟商、仓储物流到总部管理的全流程、全要素数字化。

零售云的上线提升了广东 7-Eleven 全店销售业绩：2021 年 3~8 月，外卖订单量同比大涨超过 300%；7 月，会员总数同比增长 20%，平均每个会员消费次数提升了 0.5 次，用户黏性和复购率显著提升，仓库的分拣效率平均提升 30%，员工平均工作时长减少 2 小时。

第二节 【庄帅零售电商频道】零售业数字化的 "复用式增长"

（作者：庄帅 本文首发于 2020 年 11 月 1 日）

在分析零售业数字化之前，首先要明确的是"为什么要数字化"。

在传统的经济学中，资本、土地、劳动力和技术是关键的生产要素，随着规模经济的增长，利润率和费用率之间呈现同步增长的状态。

线下实体店在这方面表现得非常明显，为了增长规模，就必须不断开店。实体店数量不断增加，成本（费用率）随之上升。

在数字经济下，前期费用率大于利润率（电商前期亏损严重），当过了某个时间节点后，费用率将快速下降，利润率快速上升，两者差额迅速扩大。

美国的亚马逊、中国的阿里巴巴和京东都验证了数字经济的优越性，并同样能够实现规模化。

其核心在于电商平台的成本结构已经与实体零售企业的成本结构有了巨大的区别，技术作为核心生产要素与其相关的劳动力、资产有了更优的效率优势。

所以，花费同样的时间，电商取得了数倍于实体零售企业的规模。

那么，实体零售企业能否借助技术与电商一样实现数字化，在数字经济中取得优势，并在这场与电商的竞争中不至于太被动呢？

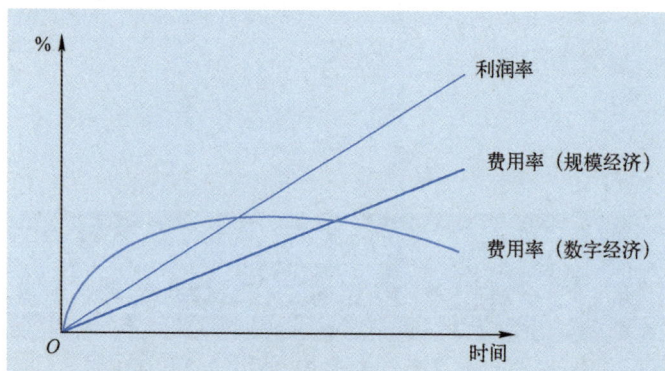

利润率和费用率之间呈现同步增长的状态

零售业数字化的困境

中国零售业在几十年的"标准化+连锁化"的发展历程中，组织管理模式对标国际上两大零售企业"家乐福和沃尔玛"，并形成两大类型：分权制和集权制。

分权制的优势是灵活性强，可是在数字化时代却必须面临重复建设和不均衡的问题。集权制的优势是标准化和效率高，劣势是无法根据本地化的特点因地制宜。

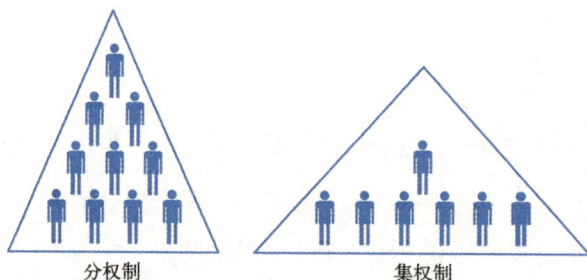

组织管理模式的两大类型

显然，两种组织管理模式成为零售业数字化的困境之一。

与组织管理模式相伴而生的是对人才的吸引和培养。由于电商的期权和股权激励模式在不断吸引着行业内外的优秀人才，所以零售业数字化的人才困境愈发明显。

零售业的数字化还需要创新型组织，因此零售业数字化的第三个困境则是知识结构，数字化不单纯是 IT 部门的事，而是由上至下，渗透到所有业务和后勤部门（包括人事、行政、财务）的事。

涉及的不仅仅是技术知识，还有相伴而生的数字化运营和管理的相关知识，以及不断产生的新知识，这就需要原本知识体系成熟的零售企业不断更新知识结构，形成学习型组织后，才有机会成为数字化的创新型组织。

如果说组织结构、人才结构和知识结构的三大困境是一个长期工程，那么如何选择数字化合作伙伴则是一个当下工程。

毕竟这个部分决定了数字化的效率和成果。

零售业数字化的三大路径

数字化如何真正落实到零售业务？这才是零售企业最关心的问题。

但由此问题将演变出另一个关联问题：零售企业应该通过什么样的"高效低成本"路径实现数字化升级？

这两个问题互为关系，相互论证，形成因果。

经过近二十年零售业数字化的实践和研究，我总结了零售业数字化的三大路径，适用于不同规模、不同阶段、不同战略的零售企业。这些路径经过近几年技术的成熟和众多零售企业的不断实践、论证，被证明确实有效。

零售业数字化进程随着电商平台新零售战略的深入，将数字化很明确地分为前台、中台和后台三大部分。

前台非常好理解，所有面向终端消费者的应用都属于前台。例如，电商平台开店、直播平台卖货；自建的线上商城、APP、小程序、H5 商城；卖货的公众号、卖货的微信群，等等。

中台理解起来有些困难，因为许多中台在叫法上会被称为后台，例如，导购员变成线上主播时用的主播后台，实际上是中台；店里运营时用的店内人流和商品统计管理的后台，也是中台。所有直接与前台卖货有关的管理系统或应用，在使用者的眼里都叫作后台，但在真正的企业管理者眼里，这些都是中台。

引用多点 DMALL 的"六个在线"理论可以更好地理解零售业数字化的中台概念。

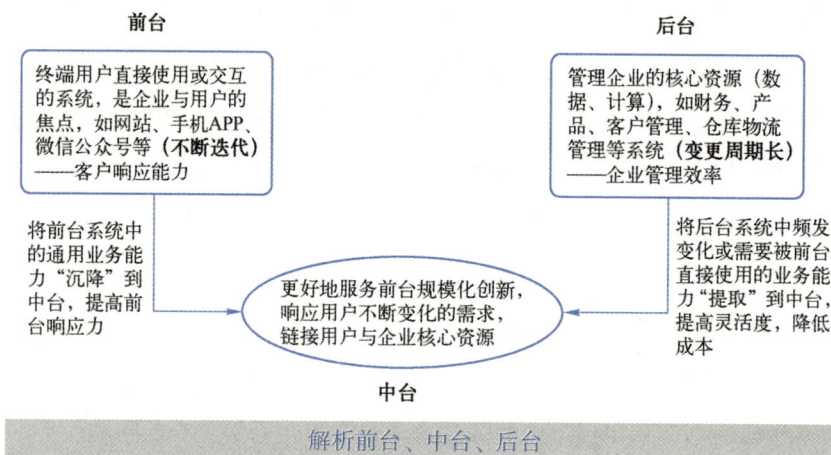

解析前台、中台、后台

作为数字零售解决方案提供商，多点 DMALL 针对零售业开发的 DMALL OS 规划了会员在线、员工在线、营销在线、商品在线、服务在线和管理在线，分别对应解决零售业务涉及的会员数（流量）、复购、人效、坪效、品效、客诉和成本等指标。

理解了前台和中台，后台则是企业内部的管理系统。实际上，全球零售业的数字化起点都是从后台开始的，也就是大家所熟知的 ERP 系统。

随着互联网技术的进步、电商平台的发展，零售业开始向线上发展。

由于前台能够快速实现销售的增长，因此前台成为近二十年来零售业数字化升级的核心。

"六个在线"理论

在前台、中台和后台的清晰认知基础上，零售业全面的数字化升级出现了三大路径。

路径一："自研+第三方技术公司"模式

沃尔玛美国总部采用的就是这种模式，依托自研的后台系统——Retailink，很早就实现了管理在线，之后借助 Hadoop 的大数据系统，实现了无人智能自动化采购。

中国的苏宁易购最开始采用由 IBM 提供的技术支持，随着市场竞争的快速变化，苏宁易购开始走向"自研+第三方技术公司"模式，以实现数字化升级。

这个路径对于许多规模几十亿、百亿级的零售企业来说，有两个矛盾。

- 一是投入产出比过低。无论在金钱、时间和人才上的投入都非常大。例如，虽线下的实体店才十几家或几十家，并且许多还是区域性的，但对于系统来说，却是"麻雀虽小，五脏俱全"，这样一套不亚于千亿元、万亿元成本规模的数字化系统仅用于提升自身效率、降低成本，显得投入产出比太低。
- 二是第三方技术公司（如 IBM、ORACLE、DELL、SAP，以及国内的金蝶、用友）对业务的认知和熟悉程度有限，它们的系统更强调单一维度的能力升级，例如，业务归于财务的"财务能力"，或单纯以成本为导向的"运营能力"。

路径二：依赖电商平台、互联网公司（以阿里巴巴、京东、腾讯为代表）

阿里巴巴通过资本运作方式对银泰百货、大润发（高鑫零售）、三江购物进行数字化升级，并投资自建盒马鲜生，在这个过程中，希望能形成一套适用于所有零售业态的阿里商业操作系统。

京东利用自身采销一体的 B2C 商城、供应链、仓储物流管理能力和系统，全面赋能实体零售企业，并通过沃尔玛和永辉超市，以及自建的 7FRESH（七鲜）获得线下商超和社区店的数字化管理能力，以帮助其他业态的零售企业进行数字化升级。

腾讯利用互联网工具和社交流量的优势，帮助实体零售企业进行数字化升级。

电商平台和互联网公司的优势在于线上强大的流量基础和技术实力，劣势则是对行业理解不够，并且在资本市场的推动下，追求短期利益目标，有明显的利润导向。

所以，我们需要深刻地认识到，截至目前，阿里巴巴、腾讯仍是流量平台，从严格意义来说，它们是广告商而不是零售企业。

他们的线上线下融合和帮助零售企业的数字化升级，核心还是为了将流量圈定在一个更大的商业体系中，并借此将流量变现的利润最大化。

京东与阿里巴巴、腾讯不太一样，他是通过自身的供应链和仓储物流的产业服务获得长期稳定的利润。

当然，阿里巴巴和腾讯开始意识到单纯的流量变现存在诸多弊端，开始不断构建产业服务平台，如菜鸟、蚂蚁金服、微信支付、阿里云、腾讯云等。

路径三：与行业内数字化进化更快的零售企业深度融合

随着苏宁易购在 2020 年提出零售服务商的新战略，以及成立多年，定位为数字零售解决方案提供商的多点 DMALL，成为更多零售企业进行数字化升级的重要合作伙伴。

当然，苏宁易购的零售服务商属于 2020 年提出的新战略，接下来如何在其他零售企业中落地，如何平衡苏宁易购自身线上电商平台和线下多业态零售体系的冲突，还有许多问题有待苏宁易购在具体的合作中解决。

而早在多年前首创分布式电商模式的多点 DMALL，其发展历程、股权及管理结构，已经成长为零售业数字化升级第三大路径中的主力军。

经过深入研究和分析，多点 DMALL 之所以能够成为全国各区域龙头商超首选的数字化合作伙伴，有五个方面的优势：

- 第一，认知优势：创立初期，通过与物美的深度合作，使得多点 DMALL 的团队越来越深刻地认知到线上线下融合、数字化升级的痛点和重点。

2015	2016	2017	2018	2019
首创分布式电商模式	践行线上线下一体化模式开启商业全面数字化之路	牵手中百集团、重庆百货，多点 DMALL 走出北京	平台模式成熟并可快速复制的多点 DMALL OS 系统持续迭代更新	战略合作国内外一线品牌、金融机构、智能硬件等企业，正式发布 Mini OS 系统
获天使轮融资1亿美元，多点 DMALL APP 上线	聚焦北京物美且深度合作的多点 DMALL OS 系统在实践中成型	走出物美体系，商业全面数字化效果初见	与全国各区域龙头商超深度合作	多点 DMALL 联盟呈现矩阵规模，加速对外输出赋能商家

多点 DMALL 的成长路径

- 第二，领先优势：认知优势和垂直行业的深度实践为多点 DMALL 带来了领先优势，这个优势如果能够一直保持的话，则随着服务的零售企业不断增加，将带来更多的优势。

- 第三，零售基因：多点 DMALL 属于与行业内数字化进化更快的零售企业深度融合，进而衍生出来的数字零售解决方案提供商，零售基因是非常强大的。

- 第四，技术基因：作为数字零售解决方案提供商，多点 DMALL 的技术研发人员高达 60%，能以技术为导向，向零售企业提供技术、运营、营销及管理方面的支持。

- 第五，平台优势：除了前面四大优势帮助零售企业进行数字化升级，多点 DMALL 也有面向消费者的电商平台，截至 2020 年 10 月，多点 APP 注册用户有 1.5 亿名，月活跃用户超过 1800 万名。

当然，对于在商超的垂直零售业态中有强大优势的多点 DMALL 来说，其劣势在于其他零售业态还需要进一步探索和完善，以及底层技术仍需要与第三方技术公司和互联网公司开展深度合作。

这些优势让多点 DMALL 从成立之初即受到资本的认可。根据天眼查 APP 的资料显示，多点 DMALL 此前已获得三轮融资，天使轮即由著名风险投资机构投资 1 亿美元。

在"第三届北京消费品博览会暨数字零售峰会"上，多点 DMALL 总裁张峰在演讲中透露，日前，多点 DMALL 已经完成 28 亿元人民币的 C 轮融资。

多点 DMALL 完成 28 亿元人民币的 C 轮融资

此轮融资由兴投资本（兴业银行集团旗下股权投资平台）、中国国有企业结构调整基金联合领投，恒安国际、联想创投、福田引导基金、天雅资本等跟投，老股东腾讯、IDG 资本、招银国际跟投。

多点 DMALL 分管资本运营的合伙人任中伟介绍，多点 DMALL 受到众多投资人的青睐，是因为多点 DMALL 面对不确定的巨大市场，已经建立技术壁垒和领先优势，产业互联网叠加消费互联网的商业模式得到验证，享受到了政策支持和零售业数字化转型红利。

随着多点 DMALL 这样的数字零售解决方案提供商持续获得资本加持，使得零售企业在现阶段进行数字化升级变得没那么难了。

但是零售业实现数字化升级并不是目标而是过程，如何通过数字化实现"复用式增长"才是在数字化升级过程中需要实现的目标。

零售业数字化如何实现"复用式增长"

多点 DMALL 董事长张文中博士对"复用"和"效率"有深刻的见解。在一次公开的场合，他明确表示："多点 DMALL 历来强调互联网、电子商务和零售企业是可以共融的，多点 DMALL 提供包容性发展的模式，包容性发展模式就是要利用原有的商业资源，而不是替代。原有的商业资源包括大量的商业网点，以及已经建立的商业基础设施、供应链等，这些设施通过多点 DMALL 的数字化技术催化，整体效益可得到提高，并且可得到复用。这个复用的前提是，无论消费者到店服务还是到家需求，都能通过这个供应链得到满足、得到实现。大家想一想，一旦这个供应链被复用，效益会不会更高呢？"

在这段话中"复用"的含义包含两个方面：

一是零售企业的哪些资产在数字化进程中是可以"复用"的？

二是如何实现"复用式增长"？

张文中博士提到的可复用资产是商业基础设施，重点说了供应链。

对于零售企业来说，除了供应链涉及的"货"，还有线下实体店的"场"和"人"（包括消费者，企业内的导购、运营、采销和招商人员等，加盟商、代理商、分销商、第三方服务商等合作伙伴）。

"人货场"都属于可复用资产，通过这些可复用的资产来实现"复用式增长"。

首先，是创新的线上营销方式。

例如，直播电商，导购经过培训、实体店经过设置后，就可以低成本高效率地开展营销；社交电商和社群电商，通过全员分销方式开展营销；社区团购，可将实体店及周围 5 公里的社区店发展为团长开展营销。

随着多点 DMALL 对物美的持续数字化升级，目前物美的 APP 销售额占全渠道销售额的 80%。

麦德龙在北京和上海开展试点。多点 DMALL 帮助其将会员制与线上的 APP 进行深度结合，从会员管理开始实现数字化。这一举措取得了非常显著的效果，销售占比在短期内达到了 40%。

对于中百仓储来说，多点 DMALL 帮助其实现数字化升级经过了三个阶段：从最简单的智能收银，到 O2O 业务的市级覆盖，再到现在线上团购创新业务的拓展。中百仓储在数字化的过程中，感受到了实实在在的"复用式增长"。

2020 年前三个季度，中百仓储智能购和到家业务累计实现 GMV 突破 6 亿元人民币，售卡业务突破 1.5 亿元人民币。2020 年，GMV 突破 9 亿元人民币，电商业务实现 GMV 达 3 亿元人民币，占比超过 30%。

为了实现中百仓储的线上线下深度一体化，加速实现数字化，"中百仓储+多点 DMALL"制定了未来 3 年的业务蓝图及时间表，共涉及 16 大项任务及目标。

从物美、麦德龙和中百仓储的数字化历程来看，利用可复用资产，零售企业甚至可以比互联网企业以更快、更稳健、更具信任和更多盈利的方式进行线上的创新营销，以及创建新的商业模式。

其次，是线下的多业态尝试。

餐饮+零售、社区店、Mini 店、快闪店等近几年不断涌现出来的线下创新业态，仍然需要零售业的供应链、选址、实体店运营管理等一系列的零售基建才能实现。

麦德龙在会员数字化的基础上开始了全面的数字化升级，利用原有的供应链资产，开设面向个人会员制的新店，未来也将在多点 DMALL 的帮助下，进行更多新业态的尝试。

零售企业通过数字化升级，结合可复用资产，同样能够以更低的成本、更高的效率尝试这些新业态。

通过零售企业本身已有的可复用资产，借助多点 DMALL 这样的数字零售解决方案提供商，在实现数字化升级的过程中，无论线上还是线下，都可以低成本、高效率地进行持续创新增长。

最后，引用物美集团创始人、多点 DMALL 董事长张文中博士常说的一句话共勉："只有拥抱数字化，彻底回归商业本质，才能在当前'确定的不确定性、没有选择的选择'的时代屹立不倒。"

第三节 【浅黑科技】一场爆发在超市里的革命

（作者：史中　本文首发于 2021 年 5 月 7 日）

迷雾

2015 年的北京，笼罩在一片迷雾中。

那一年的北京，有一半的日子都是雾霾。人们早在一场疫情来临之前，就幸运地学会了和口罩相处。

那一年的北京，人们有了"新欢"，中关村大街边支起一排排桌子，后面站满了年轻的男女，一手拿着二维码，一手拿着玩具熊。扫码下载应用，不仅能拿到礼物，还能在里面用无法想象的低价买到许多好物。

移动互联网的惊涛骇浪袭来。在一派"敢叫日月换新天"的雄心壮志背后，这些 APP 的创始人也说不清楚未来的路究竟该怎么走。

那一年的北京，人们的"旧爱"——大卖场却人流惨淡。瑟瑟秋风中，无数超市展开了一场场前途未卜的自救。

马云和王健林的"一亿赌局"言犹在耳，"线上零售"和"线下零售"的厮杀，成了许多人酒桌上的谈资。

时代的钢铁洪流从来都是冰冷的，炙热的却是每个人的心旌摇动。

那一年，物美北京花园路店店长攥着手机，慷慨激昂地给大伙儿开会："你们看看，被线上零售冲击，店里销售数据每年都在下滑！很危险了，同志们！现在总部把我们接入了多点 APP，咱们终于有了线上销售渠道！每个人都得打起精神，为线上销量做贡献啊!"

店长恨不得一句话喷出一个惊叹号，台下的一张张脸却大多写着不解和木讷。唯有一个身材魁梧的小哥眼睛放光，跃跃欲试，他就是 29 岁的百货品类经理伊佳。

当时的伊佳也许并不知道，一颗种子正在他的身体里长大，在未来的几千天里，他将成为一名铁血战士，和无数"技术宅"一起打响这片广袤土地上超市革命的第一枪。

一众勇士的名字，也将随之刻入历史。

物流暗战和超市革命

在讲述波澜壮阔的故事之前，先来一个灵魂拷问：互联网和电商早在新世纪初就有了，为什么直到 2015 年，才突然给了超市行业一个"暴击"呢?

在我看来，原因很多，但直接给传统超市迎面一拳的，是彼时出现的一个新兴职业：外卖小哥。

你可以想象面前有两个滑块：一个叫保质期；另一个叫物流技术。之间的关系是这样的：如果以固定的成本运到每个人手里，保质期越短的商品，就需要越强大的物流技术，就如"一骑红尘妃子笑，无人知是荔枝来。"天天快马加鞭地快递保质期短的荔枝，不是一般地费钱。

于是，在 20 世纪 90 年代末奠定的城际配送物流体系之下，生鲜、日用品这类需要即时取用的商品，只能自己"客串"快递员，亲自到超市购买。

当然，但凡到了超市，来都来了，就很可能不止买生鲜、百货了，锅碗瓢盆、家用电器都会看看。这也造就了超市的黄金年代。

在 2015 年那场 O2O 的盛宴落幕后，虽无数梦想改天换地的 APP 都归于尘土，但却确凿无疑地留下了"骑手"这个新物种。由他们组成的"同城配送"系统，大大补足了之前顺丰和"四通一达"的短板，不管盖饭、炒面还是活鱼生鲜，一炷香的功夫就能给你送到。

这波操作，让维持了许多年的"商业平衡"彻底变得天翻地覆。

懒惰是人的天性，于是很多电商开始以生鲜和日用百货送货上门作为卖点，瞬间把传统超市的客流吸了过去。

终于，这场对传统超市的"暴击"虽迟但到了。

故事说到这里，必须提醒你注意一个细节：在很长的一段时间内，生鲜电商仍然处在"幼稚园"阶段，虽然掌握了客流，却在供应链上没有话语权。这就意味着你在某个 APP 中下单，他们大概率还得火速地从超市帮你买回来。

这就造成了一个有趣的现象：如果 A 超市只做线下，不接线上，B 超市同时做线下和线上，那么更多人会去 B 超市。于是 B 超市就比 A 超市活得好。

你看，一场传统超市整体性的危机，变成了传统超市的内卷——谁家超市先跑到线上，谁就有了"活到下一集"的资本。明码标价，童叟无欺。

看到这，有人可能会说："这还不简单？把传统超市接入线上不就得了！"怎么说呢，这种理解大体相当于："想上北大还不简单？好好学习不就得了！"

彼时，商超行业在中国已经发展了 20 多年，如果从"百货大楼时代"算起，那百年历史都有了。

超市里所有的岗位设置、仓储物流体系、供应链管理，甚至后台系统全部是为线下零售设计的。就像面对一台部件咬合紧密的庞大机器，你根本不知从哪个齿轮改起。

1994 年物美超市翠微店

不改就死，改还不会。像不像许多人的人生？

故事讲到这里遇到了死结。迷雾中，我们的主角终于出现了——多点 DMALL。

以前我都是以顾客的身份使用多点 APP，觉得它就是一个买菜神器，可以在上面买到当地大超市的生鲜百货，下单之后很快就能送到，体验不错。虽然只把多点 APP 当成一个买菜神器固然没问题，但我差点错过这个时代的一出大戏。

多点 DMALL 这群人到底想干啥呢？

没错，正如刚才所说，他们想发起一场超市革命：用最牛的技术做出使用最便捷的系统，帮助普天之下的传统超市完成从线下"独臂侠"到线上线下两手抓的史诗级切换。

那问题来了：世界又不是你家开的，凭什么史诗由你来写呢？

这里不妨多交代两句。其实，多点 DMALL 是一家带着光环降生的公司——创建者名叫张文中。这个人，也正是前文提到的物美集团的创始人。

有关张文中的故事，说来话长。在中国经济的浪潮中，他曾风光无两，也曾身陷囹圄，而后戏剧性地归来。毫不夸张地说，他的存在本身，就是商业史上不可忽视的变量。

张文中的情怀，可以从他曾引用近代企业家张謇的独白中感受一二："天之生人也，与草木无异。若遗留一二有用事业，与草木同生，即不与草木同腐朽。"

回到当时，物美经营情况并不好，作为掌舵人的张文中能感觉到切肤之痛。但即使是在泥沼中，他的改革思路依然是兼济天下：仅仅改变物美一家不够，如果能开发出一套通用系统，帮助超市行业抢滩登陆线上，那才是张謇所说的"有用事业"。

为了日后和其他超市合作时避嫌，多点 DMALL 必须和物美保持独立。实际上，张文中也是这样做的，多点 DMALL 自成立开始就和物美没有任何股权隶属关系，是界线分明的两家公司，并且，多点 DMALL 在 2015 年 4 月成立之初就拿到了 IDG 公司 1 亿美元的天使投资。

你看，"一切配置"都是奔着书写史诗去的。

只不过你懂的，天，从来不遂人愿……

彗星撞地球

史诗最难写的部分，其实是开头。

如今多点 DMALL 的 CTO 杨凯，当时就是受到张文中精神的巨大感召，从"歌舞升平的巨轮"京东跳上了多点 DMALL 这条小船。在杨凯的一顿"安利"下，原来团队的干将胡敏和刘鹏飞也选择加入，成为多点 DMALL 最早的两位研发负责人。

用当时的眼光看，这群人多少有点想不开。

本来手下都有百十号兄弟帮着干活，这下加入创业公司，可谓是自寻996——左手画饼招人建团队，右手挽起袖子亲自赶代码。

不过即便这么苦，他们脸上还是挂着微笑。

"当时我儿子刚一岁。说白了，我是为了将来跟他吹牛积攒素材。等我儿子懂事儿了，我就告诉他：所有人都在用的多点 APP，是你爹干起来的，这多带劲!"胡敏笑着说。

多点 DMALL 研发高级副总裁胡敏

然而，并不是每个"技术宅"都有一个跟儿子吹牛的梦想。招人的时候，胡敏把一大套改变世界的梦想热血沸腾地讲给应聘的人听，听者却是云里雾里、亦真亦幻，最后大多是抱着试试看的心态入职。

2015 年的某一天，有五个新招的技术人员同时到岗。他们摸进了黑黢黢的小办公室，愣在原地问：我们该干点啥？

胡敏他们几个"元老"窝在角落里头也不抬地赶代码，指指桌子上的一堆零件："你们先自己把电脑组装起来吧！"

这五个人顿时傻眼了："改变世界，从组装电脑开始？"第二天，这五个人中辞职了四个。

当时胡敏他们根本顾不上悲伤，一边没日没夜地赶代码，一边继续"忽悠"人上船。事情就是在这样的一片"泥沙俱下"中推进的。

每天早晨叫醒技术团队的，不仅仅是梦想，还有业务团队的"连环催命Call"。

2015 年正是 O2O 最疯狂的年代，多点 APP 上线之后，各种活动"拉新"，优惠券跟不要钱似的撒出去，立刻换回了好几百万用户注册。

很多线下超市看到多点 APP 上聚集了这么多攥着钱准备消费的用户，热情来了。一百多家超市站成一排，哭着喊着"求上线"——让多点 DMALL 把用户订单砸向自己。

那场面，简直是久旱逢甘霖，他乡遇故知。

胡敏小分队当时负责的正是多点 APP 交易模块的开发。

实际上，胡敏可是见过世面的人，以他的技术积累，支撑几百万用户就跟张飞吃豆芽儿一样简单。但问题是，以前的 APP 都是上千个工程师协作开发的，现在整个多点 DMALL 全搜罗一遍也就能凑齐三十个工程师——会干是一回事儿，有人干那是另一回事儿。

"当时痛苦极了。我们心里知道应该用什么架构，但那边等着上线，几十个人一个月内就要完成所有功能的开发，根本来不及采用'对'的架构，只能先用土办法勉强顶住几百万人的'洪流'。这样的架构，就像在沙滩上盖大楼，住在里面心神不宁。"胡敏回忆这段时间，苦不堪言。

于是，那时的多点 APP 被内部同事取了个雅号——"一日三崩"，侮辱性极强，尤其遇到促销秒杀活动，那更是"逢促必崩"。

不过，如果把镜头从多点 DMALL 的办公室转向伊佳所在的物美花园路店，那可是一派热火朝天的景象。

物美接入多点 APP 以后，总部就给每个门店下了"死任务"——拉店里的顾客注册多点 APP。

"当时我们百货小组也有任务，每天拉 6 个人。其实这个任务很好完成，因为注册就送 100 元优惠券，这么好的羊毛谁不想薅？一般只要提一句，顾客就全家注册。"伊佳回忆。

当"热情的顾客"遇到了"崩溃的 APP"，那很可能会掀起一场血雨腥风。

有的大爷、大妈戴着老花镜在店员的指导下费了半天劲儿注册了多点 APP，抢到了优惠券，却赶上 APP 罢工，那不讨个说法肯定是不会走的。

"那几天，店里的同事把顾客闹情绪指着店员鼻子骂的视频发在群里，我心里特别不是滋味。原来在电商平台工作时，若顾客不满意，顶多在网络那头发牢骚，不疼不痒。可是现在面对现实生活中的顾客，从来没有过的压力一下子就压在我身上。"胡敏说。

历史的脚步从来极其相似，疯狂和危险总是结伴到来。经历过那波 O2O 狂潮的人可能还记得，即便是谨慎的人，对局势的判断也都明显过于乐观。

2015 年底，人们突然发现，O2O 的"美丽新世界"好像并没有那么光鲜，很多上门理发、上门美甲之类的 O2O 方向被证明是伪命题。于是，整个行业突然退潮，猝不及防，一众参赛者高下立现。

多点 DMALL 身处其中，也不可能独善其身——那么多真金白银的优惠券已经发出，眼看"钱箱"就要见底，却遇到了"行业寒潮"，真是叫天天不应、叫地地不灵。

那个冬天，多点 DMALL 的每个人都经历了一波巨大的起伏震荡：不是说好了改变世界吗，怎么才不到一年，世界就不让我们改变了呢？

要说被"震荡"最严重的，还不是杨凯他们的技术团队，而是业务团队。

多点 DMALL 合伙人刘桂海

当时市场业务的刘桂海就完整地目睹了"惨状"：仿佛一夜之间大家对明天的狂热想象都被"速冻"了，人员流失，管理层震动。不过，总还是有人挺了过来，刘桂海就是其中之一。他也临危受命成为了多点 DMALL 的合伙人。

"在我眼里，多点 DMALL 的梦想从来没变过——我们不光想做一个 APP，还想帮助传统超市进行线上线下一体化的技术改造。从这个角度来看，当时 O2O 的'退潮'并不是一件坏事，反而让我们能沉下心来，按照自己的节奏磨炼基础技术。"刘桂海说。

在最危急的时刻，多点 DMALL 被迫结束了和很多超市的"补贴合作"，唯独留下了一家，那就是物美。

虽说多点 DMALL 和物美是两家公司，但终归是一个董事长，遇到问题时多少有个体谅。不过，也仅限于体谅——要让物美牺牲商业利益来帮助多点 DMALL，这不合规矩。

虽然这么说很奇怪，但从胡敏的角度看，业务下降反而让他有些开心。因为可算是没人催命了，过去一年欠下的"技术债"，再不还，就还不清了。

他带着团队开始了一场"补课长征"——大半年过去了，总算按照对的方式把系统架构重做了一遍，身为一个"强迫症"兼"技术宅"，这感觉别提多爽了。多点 APP 终于可以以健全之身迎接未来的挑战。

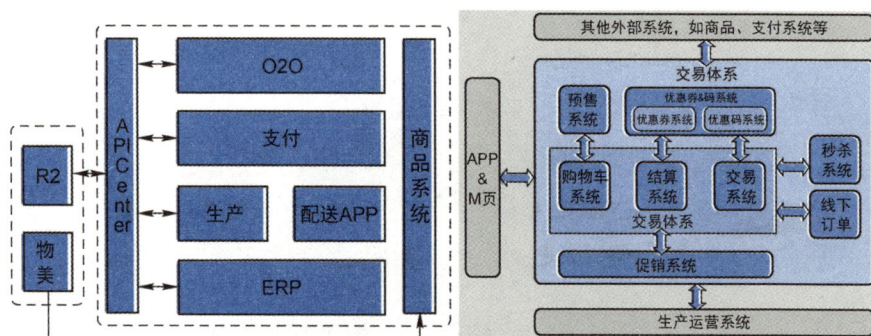

左边是最初的临时系统图，右边是认真改进后的系统图

话说，命运这东西确实不可捉摸。

坐在胡敏对面的另一位技术"大牛"刘鹏飞，前一秒还在看笑话，后一秒就意识到，"压力"这家伙竟然连招呼都没打，就悄悄骑到了自己头上。

王者带青铜

其实，早在 2015 年多点 DMALL 刚和各大超市合作的时候，很多大问题就露出了冰山一角，只是被"大干快上"的激情给掩盖了。

这下，喧嚣散去，问题一个个都面目狰狞地暴露了出来。

举个例子：一家物美超市门店，当时每天接到的线上订单量大概有 100 单，就算每单 100 元，总共也就 10000 元的营业额，这实在不算多。但是，这些订单却得由专人从货架上找齐，放进袋子里（俗称拣货），这活儿谁干？

超市员工说：我应聘的时候可没人告诉我还要负责拣货，现在凭什么让我多干活？干也行，加钱！

超市店长说：这钱我从哪儿出？本来店里的经营压力就大，平白无故再增加支出，我得对经营效益负责！这钱没地方出。

绕来绕去，最后所有人都看着多点 DMALL。多点 DMALL 让步了：我出！

于是，一幅奇景出现了。一家门店里，有了两套班子：一套班子是原来超市的人马，该干啥还干啥；另一套班子是多点 DMALL 派驻的，专门负责线上订单的拣货。

这样"井水不犯河水"的模式运行了个把月，相安无事。然而，井水终究还是犯了河水。

随着线上订单越来越多，还时不时搞个促销，多点 DMALL 的拣货员如风卷残云一般，中午刚过，就已经快把超市的几个货架搬空了。店长的脸都绿了："超市最忌讳的就是货架上没货，这顾客进来还以为我们要撤店了呢！你们还让不让我做生意了？"

请注意这个问题，从表面上看是两拨人"抢货"，本质上却暴露出一个深刻的矛盾：线上线下的"库存数据"没有打通。店长不知道线上销量，当然没办法准确安排补货。

最着急的其实还是物美总部：线上线下的销售额如同手心手背一般都是肉，实在无法割舍。于是，物美求助多点 DMALL：你们能不能帮人帮到底，弄个数据桥，替门店把线上线下两拨库存数据打通啊？

这正中了多点 DMALL 的下怀——毕竟革自己的命谈何容易，让超市自己意识到痛点，才有变革的动力。

开发数据桥的工作，落在了刘鹏飞他们身上。事情进展很顺利，没多久就开发完成。通过数据桥，多点 DMALL 的线上销售数据会被"塞"进超市原有的数据库中。

你可能关心：这个模块好用吗？我得说：好！又不那么好。

两边的库存数据确实打通了，线上线下也变成一盘棋了。但问题是，线上系统和线下系统对接，就像一个王者和一个青铜组队，新问题又来了：差别太大。

举个例子：线上每一个订单都包含丰富的信息，例如下单用户的 ID、电话、下单时间等。但是在线下系统里，很多字段在设计的时候就没有，就像安卓数据线去接苹果手机的接口，没法儿接。

比如在做"B2C 次日达"业务时，需要深度对接线下供应链系统，但供应链系统本身是为企业业务做的，就没有"个人用户"这个字段。刘鹏飞他们绞尽脑汁、翻箱倒柜，终于发现线下系统里有一个字段叫作"客户"（原本的意思是如果有商户从物美这儿大宗进货，就把名字记在这里）。

客户、用户，意思差不多。没办法，只好把 APP 上下单"用户"的名字填在"客户"这一栏。这样一来，问题就出现了——客户怎么可能有那么多？老系统的设计最多可以容纳 10 万条客户记录，可是当时在多点 APP 中下单的有上百万人。

"实在逼急了，我们只好发明了各种'神'操作：如果超过系统限制，就把最早下单的客户记录删掉，把新的记录顶进来。至少在多点 DMALL 自己的系统里是完整的。"刘鹏飞笑着说。

这种"神"操作，为后面的事情埋下了伏笔。我们这里先卖个关子，接着讲故事。

有了数据桥，最开心的要数店长们了，店里的销售额大幅上升，每天都感觉美滋滋的。店长们算了算账，发现线上销售的利润可以把拣货员的工资赚回来，于是慢慢接纳了"后儿子"拣货员，开始由门店给他们发工资。

泥潭中的超市卖场，总算看到了第一缕霞光。

渐渐地，超市的基层同事也相信多点 DMALL 技术团队是真诚地来帮忙的，对他们笑脸相迎，主动拿一些"疑难杂症"询问多点 DMALL 了。

2016 年，超市询问多点 DMALL 技术团队最多的一个问题就是："早晚高峰的时候，收银台人手不够，排班也排不过来，客户体验特别差，这事儿你们有没有招儿？"

"当然有招！"刘桂海想都没想就拍胸脯。

回来以后，他把这个问题交给技术团队，大伙儿仔细一研究，发现事情好像比想象中更困难。

超市高峰的时候，收银员全部冲在一线，理论上可以调集补货员、理货员、拣货员来临时帮忙。可问题是，顾客高峰的时候，补货员、理货员、拣货员也全都是一天最忙的时候，根本腾不出手来帮忙。

"那总不能给他们大变活人吧？"一位同事吐槽。

你别说，多点 DMALL 技术团队最后还真研究出一种"大变活人"的技术。

"我们发现，收银台人手不够只是表象，并不是根本问题。根本问题是顾客'无效等待'的时间太长。后来我们没从'排班'系统下手，而是去研究能缩短顾客等待时间的黑科技了！"刘桂海解释说。

从 2016 年开始，这群技术宅像哆啦 A 梦一样，陆续从口袋里掏出了"多点秒付""自由购""自助购""银秤合一"等设备。

你可能有点蒙，这都是啥啊？其实，这几样东西已在各大超市普及开来，只要你最近逛过超市，就很可能见过它们。例如，自由购，就是如果顾客买五件以下的商品，则可以用手机自助扫码，直接结账离店，不用跟收银员交互；自助购，就是在一个自助机器前面自己一件件扫码结账，不仅省去了排队的无聊，听到"滴"的一声扫码还莫名有一点兴奋；银秤合一，以前你买了需要称重的菜品，需要先在超市内部排队称重打价签，出去结账时还要排队缴费，银秤合一可以做到在收银台结账的时候同时称重，省去了一次排队，无效等待时间也就大幅缩短了。

这些设备刚研发出来的时候，物美一些排队严重的店铺就迫不及待地安装了。结局是，根本不需要什么收银员排班系统，这些"机器人"代替了收银员的一部分工作，高峰时期基本不会排队了。

你估计会说：这个改进很好啊！我还是那句话：好！又不那么好。

问题出现在后台系统。收银系统是有并发上限的——所有柜台的 POS 机同时结账的数量就是整个系统的上限。身为一个收银系统，有多少 POS 机就设计多少并发量，这很合理，根本没有理由去吐槽。

最新款的银秤—体机

然而，接入了自助购、自由购之后，意味着整个超市的顾客都可以在同一时间结账了。这下可好，又出现了"王者带青铜"的局面。高峰时段自助购使用的人很多，动不动就把店里的收银系统给挤挂了。结果就是：所有人都结不了账，原地等待系统重启。

这，也为后面的事情埋下了伏笔。

人有这样一个特点：当你见识过好东西之后，就不愿意去接受不够好的。

超市的店长们，在有机会接触线上、线下两套系统后，再木讷的人也会发现两者的差距实在是太大了。

线上系统能够对商品销售数据进行计算，可以自动推荐补货策略，还能根据顾客的消费习惯进行精准营销。线下系统只知道每天什么货卖了多少，是谁买的不知道。线下系统通过印宣传单进行了一波促销，但不知道享受了这些优惠的人到底是新吸引来的顾客，还是本来没有优惠也会买的顾客。

"我们线下系统也要具备线上系统的这些功能！"店长们信心满满地提出要求。刘鹏飞他们又做了一堆"桥"，把精准营销系统、选品系统和旧系统的数据连通。

可是，旧系统盘根错节十几年了，胳膊腿都"老"了，新系统从老系统里面提取数据的时候得小心翼翼。一旦读取和对接太频繁，老系统立刻"死给你看"——又是"王者带青铜"的感觉。

你看，这么一会儿，我们已经说了三次"王者带青铜"了。

刘鹏飞每天都气鼓鼓的：为啥我们的"线上新系统"总要受困于"线下老系统"的局限呢？就不能从头到尾写一套"线上线下一体化系统"，完全替换掉老系统吗？

他被自己的想法吓了一跳——超市的后台系统究竟有多复杂，水究竟有多深，完全两眼一抹黑，怎么可能说写就写，并且就算能开发出新系统，超市又凭什么敢把自己的身家性命替换成这个未经验证的新系统呢？

不过，老话说得好：梦想还是要有的，万一实现了呢？

多点 DMALL 研发副总裁刘鹏飞

吃螃蟹

时间挺进到 2018 年，如果用四个字来形容多点 DMALL，那就是：好起来了。

在和物美合作沉心打磨技术的这两年，多点 DMALL 渐渐恢复了元气，决定重新"出山"——APP 又重新接入了很多商超，在全国各地交了不少超市的"好朋友"。

这一年，多点 DMALL 召开了第一届合作伙伴大会。

在大会上，一位超市老板拉住 CTO 杨凯不停唠叨：你们做了这么多"补丁"似的模块，为什么不搞一整套系统，把我的后台老系统给全部替换掉呢？

仔细一问，原来他们遇到的问题比物美严重得多——老的后台系统在报废的边缘疯狂试探，别说什么商品计算精准营销了，恨不得读一个数据都要五分钟。

并且，他们的老系统使用的是国外的软件，授权还有不到一年就到期了，想趁着这一波操作直接升级到新系统。

"你们的系统只要敢上线，我就敢用！"这位超市老板斩钉截铁地说。杨凯把这件事儿跟团队一说，刘鹏飞立刻来精神了——这不就是他私下设想过的方案吗？

"这件事儿，咱们能干！"刘鹏飞举双手赞成。

这群"技术宅"终究还是轻敌了。整整三个月后，刘鹏飞发现，这个系统越做水越深，尤其是做到了超市财务系统，涉及"动态成本核算"之类的专业领域，不是财会科班出身的"技术宅"们根本搞不懂。

正所谓"在家靠父母，出门靠朋友"。刘鹏飞只好厚着脸皮去找朋友——物美的 IT 团队。物美老系统这么多年都是由 IT 团队维护的，所有的财务原理和系统痛点他们最清楚了。在刘鹏飞的不断劝说下，物美同事终于同意参与新系统的研发。

正所谓"有文武材，意气慷慨"，"技术宅"会财务，这下系统开发极其顺利。

2019 年春天，技术团队就捧出了热乎乎的"线上线下一体化系统"——DMALL OS。

"DMALL OS" 手机端界面

之前超市老板说了，新系统只要做出来他就敢用。现在新系统出来了，他的100多家门店都等着部署呢！

这时候，反而是刘鹏飞心里打鼓了："毕竟新系统还没有经过实战验证。100多家门店一起切换系统，万一出什么毛病让超市结不了账，把我卖了估计也赔不起啊！"

"咱能不能一家店一家店地切换？"刘鹏飞试探着问。

"来不及了，100家一起切换！"超市老板说。

"不能节奏慢点吗？"刘鹏飞不死心。

"咦？你的系统是不是有什么问题？"超市老板问。

"没，没，没问题，100家就100家！"刘鹏飞咬牙回答。

那几天，刘鹏飞晚上睡觉做梦都是两个人在掐架。由于这个项目太大了，最终汇报到了多点DMALL董事长张文中面前。张文中本身就是技术大牛，并且这么多年物美也切换过核心系统。他一看到项目详情，马上警觉了起来——超市切换系统就像给人做"开颅手术"，哪里是一个新手医生上来就能做的？

他赶紧把这群"愣头青"按住，并在高层会议上给出了一个替代方案：要换系统可以，从物美开始。

物美的同事上一秒还笑呵呵，下一秒齐声喊"什么？"

就这样，物美稀里糊涂地被绑在了多点 DMALL 的"战车"上。物美领导层选来选去，推举了一个最适合"吃螃蟹"的门店——物美中关村店。系统切换日期就定在了 2019 年 6 月 1 日儿童节那天。

彼时中关村店的店长不是别人，正是四年前听到"线上销售"眼睛放光的那位百货经理——伊佳。

遥想 2015 年，伊佳拼了命帮店里推进"线上改革"，在"大促"的时候好几次都是自己跟着面包车送货到半夜十二点，是个真正的狠人。

2016 年，伊佳调任成为当时亏损的中关村店店长。新官上任，他一顿创新改革，整肃清理团队，中关村店重装开业，线上销量直接翻倍，线下销售直线上升——仅用三个月时间，中关村店便扭亏为盈。

正是一拨又一拨的"神"操作，让他成为物美的明星店长。这些事迹总部领导都看在眼里，把他的店当作试验田，似乎再合适不过了。

听说自己的店要"第一个吃螃蟹"，伊佳非常激动，但听说改系统后所有店员使用的软件都要换新，操作方式完全颠覆，他也突然感到了巨大压力。毕竟店里的员工都等着工资吃饭，万一系统用着不顺，影响了大家的收入，这队伍可不好带了呀！

区域经理看出了他的顾虑，直接转达了董事长张文中的原话：如果系统出了问题，中关村店可以接受关店，店长不用背损失，所有店员也按照平均工资和绩效发钱。

要知道，物美这么多年，哪怕遇到再困难的局面，也从来没有关过一天店！听到这句话，他大概明白了总部下了多大的决心。

决战中关村

2019 年 5 月 27 日，盘点组进驻中关村店，那天伊佳一夜没睡，上万件商品的库存数据他一一签字。这些数据，将会被一字不差地导入新系统，这些数据成为了那颗"新火箭"的燃料。

之后两天，多点 DMALL 同事开始进驻超市，把一些相对独立运行的系统，例如前置仓数据报表、磅秤系统、电子价签系统调通待命。

5月31日夜幕降临，中关村店送走了最后一名顾客，卷帘门落下，杨凯，以及包括胡敏、刘鹏飞在内的几位负责人悉数到场，几十位多点 DMALL 和物美的技术同事站在空荡荡的卖场，为最后的切换系统做准备。

当时负责统筹系统迁移的项目经理是洪楚贤，她特意给我找出了当年的项目实施表格，上面密密麻麻地记录着 100 多项动作。这些动作都要在一夜之间做完，就像在平台聚光灯下跳一支细腻、严谨、连贯的舞蹈。

上万件商品的数据导出旧系统，导入新系统，各个模块的对接次第开始。

时针一圈圈转动，洪楚贤在表格上一个个打勾：POS 机连通、配置；库存系统连通、配置；账目系统连通、配置；优惠促销系统连通、配置……每调通一个系统，现场的人员就去拿一件商品真的扫描一下，以确认无误。

镜头转向远处的多点 DMALL 办公室，那里灯火通明，测试组的人员在远程跑着繁复的测试用例，以保证连通后的系统万无一失。

多点 DMALL SaaS 研发中心项目管理部负责人洪楚贤

凌晨 5:00，切换接近尾声，所有人都期待着最终的连通测试。然而，就在这个关键时刻，意想不到的情况发生了：店里的网络断了。

由于门店的网络以前只用于每天上传一次经营数据，网络完全够用；现在需要实时上传下载数据，小水管跑着大水流，网络就变得非常不稳定了。

胡敏把商品放在扫码机前，横竖就是扫不出来，急得满头大汗。

"那种感觉，就像高考时做不出来题一样。董事长说让我们放手去干，哪怕闭店也可以，但是我们不能真给搞闭店了啊！"胡敏回忆道。

谢天谢地，在物美 IT 同事的努力下，网络终于调通。早晨 6:00，系统联调通过。洪楚贤打完表格上的最后一个勾后长出一口气。

为了心安，还自己跑去用自助结账系统买了东西。

"买了一盒口香糖，我记得很清楚。"洪楚贤笑着说。

天已大亮了，多点 DMALL 的技术人员退到角落。

7:00，超市大灯轰然亮起。伊佳出场，所有店员列队，听店长训话，跳操，唱歌，喊口号，声如洪钟，气势磅礴。洪楚贤他们这些"技术宅"哪儿见过这种阵势，本来就一夜没睡，现在又被震得一愣一愣的，呆呆地看着这陌生的场景。

7:30，卷帘门升起，开门迎客。

顾客快速鱼贯而入，冲向最新鲜的蔬菜生鲜区。

接下来的事情就热闹了。

开始几单结账还算顺利，每个人的嘴角都不自觉地扬起来。直到一位大妈拎着一袋海鲜走向收银台。

收银员扫了三次都弹不出支付界面，多点 DMALL 的技术团队一拥而上，给大妈吓了一跳。他们一边远程联系后台待命的技术人员解决问题，一边琢磨着现场解决方案。

谢天谢地，他们发现这个条码在自助结账的机器上居然可以正常识别，赶紧好说歹说哄着不明所以的大妈去自助收银台结账。

又是平静的一刻钟过去，一位大爷拎着一捆葱出现在收银台。这个是要先称重再结账的，可是"银秤一体机"闹罢工……胡敏他们以百米冲刺的速度冲过来查看问题，物美的店员不知从哪搬出了一个磅秤，手工"噼里啪啦"打码，几秒钟就给大爷结完了账。

最右边扶栏杆的是 CTO 杨凯

后来又有一位阿姨，冲着优惠价买了一袋蔬菜，结果扫码时发现并没有按照优惠价结账，顿时阿姨就不干了。刘鹏飞上前查看，阿姨越掰扯越激动，揪着刘鹏飞不放他走。

刘鹏飞那时候还有多件事情要处理，没办法，最后从兜里掏出 10 块钱："阿姨，这 10 块钱我先帮您掏了……"

那天，如果你作为顾客光顾物美中关村店，除了发现一些戴着眼镜的人可疑地审来审去，也感觉不出太大的异样。谁知在这岁月静好的背后，有的人正在负重前行。

就这样，过了中午，局势好转了不少，几位负责人已经困得瘫坐在地了。

然而，表面的平静，不代表万事大吉。两天之后，店员突然发现，仓库里的储备货物好像不够了。

仔细一查才发现，由于很多人对新系统使用不熟练，货品卖完之后没有正确清消库存，导致系统在自动补货环节出现了极大误差。

眼看货架要空，店长伊佳紧急调货，店员们只好悄悄地用纸箱顶在第一排货品背后，伪装成满满当当、一切如常的样子。

要说伊佳这个"第一个吃螃蟹"的店长，那几天可真是过得战战兢兢，不知道什么地方就会给他来个"大惊喜"。

"比如在以前的系统里，某些生鲜的进货单位是市斤，结果新系统里的单位变成了克，订货员没反应过来，多定了 500 倍，幸亏那位订货员责任心强，又检查了一遍；还有成箱出售的常温奶，卖出去一箱 16 袋，结果库存只消了一袋，晚上盘点时发现数对不上，赶紧追查库存。"伊佳回忆道。

原本店员想添加什么功能应该交由店长统一汇报，但是面对顾客的投诉，有时候一着急店员就直接揪住多点 DMALL 的"技术宅"提意见，不管中间有什么需求汇总、产品论证、架构设计等"软件调整流程"了。

就这样兵荒马乱地过了两周。

突然有一天，店里出奇地平静，顾客满意地挑选商品，留守的多点 DMALL 技术员坐在那里监控系统。店员各司其职，只有店里的音乐声响起，什么意外都没有发生。

于是，多点 DMALL 这群"技术宅"知道——这事儿成了。

上天给伊佳的惊喜更是姗姗来迟。以前的旧系统是德国的，大伙儿连去德国怎么走都不知道，要想添加什么功能门儿都没有。现在好了，多点 DMALL 的办公楼就在两个路口之外——想要什么功能尽管提，做不出来就算多点 DMALL 输。

仅用了一两个月，销售实时报表、商品优化建议、补货推荐的各种功能就"猛扑"过来，不仅以前梦寐以求的功能有了，连以前没想到的功能也有了。

最让伊佳开心的，是他终于可以"移动办公"了。

以前数据都在内网系统里。要想做报表，就得坐在办公室里好几个小时。坐在办公室里时就担心卖场出问题，在卖场巡视时又惦记回来做报表，是进亦忧，退亦忧……

这回好了，所有销售报表、排班计划一键生成，全部汇总在手机里，店长可以一边巡店一边观看数据了。

哪怕店长不在店里，对于销售情况和人员到岗情况他也都一清二楚，可以像远程下棋一样运筹帷幄了。

智能排班系统

伊佳还给我看了一个他喜欢的神奇功能。超市货架上的商品摆放是由总部统一设计的。以前每次总部调整货架之后，都要打印成设计图纸，交给门店执行。浪费时间、浪费纸张不说，一通巡查下来发现，门店经常摆错、摆漏，合格率还不到20%。

现在用了新系统，总部把设计图直接下发到理货员的手机上，摆放完成后，拍照上传，人工智能软件就自动判别哪里有错误了。理货员必须调整好，才算工作结束。

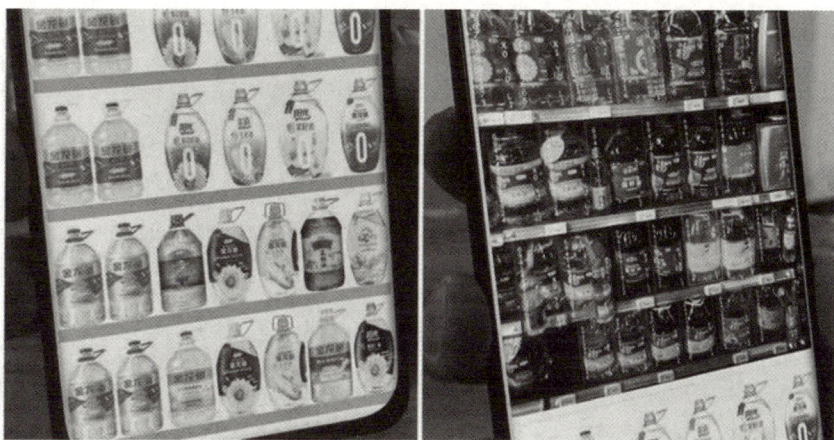

智能陈列系统帮助理货员自动检核

伊佳和我聊天的时候，正赶上 4 月 1 日"大促"。"要是以前，这种情况下我根本离不开店，你看现在我还能和你谈笑风生。"

2019 年"中关村店大捷"后，物美又马不停蹄地把更大的联想桥店系统进行了切换，在随后的半年多时间里，整个物美体系数百家门店全部完成了 DMALL OS 的切换。

哦！对了，一直焦急等待的那位超市老板，也终于在 2019 年下半年完成了新系统切换。

"幸亏在那之前，我们在几个合作商超做了测试，大量的纠错、适配工作已经完成。现在回看，如果当时直接切换那位超市老板的 100 家门店，后果肯定不堪设想。"刘鹏飞说。

其实，就在 2019 年，全国大多数超市都走到了一个岔路口——老旧系统已经满足不了线上线下一体化的需求了，如果不更换，则会面临生死存亡的重要问题。于是，市场上忽然掀起了一波巨大的超市更换系统的热潮。

"超市们"环顾四周，好像除了多点 DMALL，也没有谁可以提供这么完善的系统了，那还犹豫啥，就买 DMALL OS 吧！

多点 DMALL 这群人，当初开发 DMALL OS 仅仅出于"技术宅"的热爱与执拗，却不小心踩中了一个巨大的产业风口。

聊天中，刘桂海给我讲了很多 DMALL OS 的客户，都是非常著名的超市、便利店、专卖店。

有一家连锁便利店，经过慎重考虑，把自研十几年，已经更新了好几代的系统切换成了 DMALL OS。还有一家连锁超市，本来已经预定了德国的系统，突然得知了 DMALL OS 的存在，之后董事会召开了几次会议，重新对两个系统进行评估，缴纳了违约金，切换到了 DMALL OS。

出于商业保密的原因，我没办法把这些商超的名字一一列举。这么说吧，如果你生活在中国的一二线城市，则有 90% 的可能性去过由 DMALL OS 支撑的超市或便利店。

"如今这么多令人尊敬的连锁超市品牌'用脚投票'支持 DMALL OS，证明了六年前我们的愿景没有错。虽然中间经历了太多难以言表的危机，但结果是我们坚持下来了，我们很骄傲。"刘桂海说。

2020 年春天，一波无人预料的疫情来临。

所有人都像身处 2015 年的迷雾中一样，戴起了口罩。但超市行业的寒冬并未卷土重来，很多多点 DMALL 的客户还依稀记得，那时候人们可以先在网上下单，然后去超市门口的取货区自取商品，不需要任何接触。

适应防疫、便民需求的功能火速上线，让多点 DMALL 圈了一波粉。

从物美的数据来看，疫情时线上订单最高占比超过了 40%。正是这一颗颗萝卜白菜、一斤斤猪牛羊肉凑起来的订单，在困难的时刻，支撑了这家超市的运转，也撑起了无数城市中人们的生活。

在防疫、抗疫过程中，多点 APP 没有出现故障。这几年间，在胡敏他们的默默努力下，多点 APP 的系统架构已经切换成了最坚固的"地基"，面对订单数量翻倍的情况，系统依旧稳固、可靠。

从某种程度上说，"技术宅"潜心构建了六年的代码，成为这个基础设施的一部分。

而这，还远不是故事的结尾。

如果把视野拉开，横跨欧亚大陆和太平洋，你会发现一场更为宏大的"数字化竞赛"。

这可能是一场"人民战争"

问你一个问题：你的城市最大的超市是什么？

如果你生活在美国，无论是谁都会不加思索地回答：沃尔玛。

有趣的是，如果你生活在中国，不同城市的人的回答大概率是不同的。湖南人可能会说步步高，河北人可能会说北国超市，福建人会说永辉，北京人会说物美。

这个区别是怎么形成的呢？其实很简单。

在美国超市行业爆发的时候，路网和物流体系已经非常完善——物流成本只占商品总成本的很小一部分。所以，一家超市可以大规模调动成本最低的货源，从而覆盖全国市场。而在中国超市行业爆发的时候，商品运输和物流产业尚不完善，冷链鲜配还无从说起——物流占据了很多商品的大部分成本。所以很多生鲜产品只要出了本市本省，在价格上就毫无竞争力了，只能在本地销售。这就形成了"本地超市割据"的局面。

从理论上来说，各地都有自己的超市，这件事儿也没什么不好。但是，到了数字化时代，这样的割据局面会带来巨大的问题。

比如，去年沃尔玛年销售额达到5500亿美元，利润规模相当可观，可以有财力花费几亿美元开发最先进的"线上线下一体化超市系统"。即便是中国最大的超市，年销售额也只有1000亿元人民币，只有沃尔玛的三十五分之一，超市是个薄利行业，即便销售总额为1000亿元人民币，利润也不过几亿元人民币。

假设你是中国超市的老板，你也不会选择把一年的利润全砸进去，搏一个前途未卜的数字化系统的。

这就造成了一个局面：在中国，一套适用于所有超市数字化系统的出现比美国更为艰难。但是，完成不了这个跃迁，中国零售业的生产效率就可能长期被卡在一个尴尬的低位。

我们会甘居人后吗？

至少多点DMALL这群人还不甘心，他们在尝试一条没人走过的道路。

刘桂海告诉我，多点DMALL已经在技术研发上投入了几十亿元。反过来，从2020年DMALL OS开始大举商业化以来，全国甚至世界各地的大量超市接入进来，又用真金白银的支持让多点DMALL迅速回血。

从本质上讲，这相当于我们正在用"众筹"的方式建设了一套属于零售行业的数字化智能系统。

无数超市依然保持着自己的独立品牌，却有机会通过自由联合的方式，成为一个更巨大超市的一部分，使得经营效率不断提升，顾客买到的商品可以不断降价。

过河的小卒，只进不退。虽然梦想尚未完全实现，但似乎看到了"人民战争"的熟悉剧本。

告别伊佳的时候，他给我讲了一件小事儿。小时候，他曾经去了一趟家乐福，看到店员穿着旱冰鞋在货架间穿行，觉得这工作简直是太酷了。于是，十几年后，他的第一份实习工作就选了一家超市——物美。只是万万没想到，从实习"入坑"，一直在这个行业干到了现在。

"最终，我还是没能穿上旱冰鞋。不过，我用上了高科技。"伊佳笑着说。

伊佳正在目睹超市行业的史诗级巨变：店员正在变得年轻化，也更专业化，连他自己也被危机感追着跑，每天在多点 DMALL 后台的"学么"模块学习DMALL OS 的新功能。

"我经常听别人跟自己小孩说，若不好好学习将来就去超市打工。其实我特别想告诉他们，超市早就变了，想来超市打工必须好好学习。"他说。

一个事实是，现代国家之间的竞争早就不是枪炮相见的一场场"热战"，而是哪片土地上的人民能生活得更好、更有尊严的一场场"比拼"。

越来越多的人意识到，零售效率是这场比拼之中一个非常基础和严肃的指标，它意味着一个社会可以用多低的成本把所需的物资交付到所有需要的人手里。

我猜想，作为顾客，最关心的不是超市的品牌，也不是超市的盈利能力，而是有关商品本身的种种承诺——每一件商品无论从线上还是线下购买，都是同样的质量，同样便宜的价格，同样优质的售后服务；如果商品出现质量问题，则可从渠道到货源，追踪到每个责任人，直至得到满意的处理结果。

在中国，有一群人正在试着用技术把这一切变成现实。

据此我相信，技术二字带给人们的尊严，是坚固恒久的，是值得被书写和铭记的。

第四节　【灵兽】 零售业数字化沸腾七年

（作者：王君亚　本文首发于 2022 年 4 月 1 日）

2022 年 3 月 26 日，重庆百货公布 2021 财年全年财报。财报数据显示，报告期内重庆百货营收达 211.24 亿元人民币，较去年同期的 210.77 亿元人民币上涨 0.22%，实现扣除非经常性损益归属母公司净利润 9.23 亿元人民币，同比增长 58.65%。

营收和净利润（作为零售业关键指标）的改善，直接说明了重庆百货在供应链、运营和客户体验等方面推进全渠道数字化的变革正见成效。

同一天，中百集团在 2021 年度业绩报告中提到，过去一年，自建线上销售平台的交易额为 5313 万元人民币，通过第三方销售平台的交易额达 12.68 亿元人民币，总计同比增长 77%。

中百集团也将这场"复苏"的功劳归结于拥抱数字化转型浪潮、提升线上业务运营水平的结果。

近两年，零售企业纷纷抓住数字化这波浪潮，向市场、行业和投资人证明自己的未来业绩增长更具想象力，并在数字化坐标系中寻找自己的位置。

"抢跑" 零售业数字化

国家统计局公布的数据显示，2021 年限额以上零售业单位中的超市、便利店、百货店、专业店和专卖店等零售额比上年分别增长 6.0%、16.9%、11.7%、12.8% 和 12.0%。

看起来这个增速并不难看。

但经统计，2016—2020 年线上线下社会消费品零售额总体年复合增长率为 4.2%。其中，线上消费品零售额年复合增长率达到 23.5%；线下消费品零售额年复合增长率仅为 0.34%。

也就是说，在五年时间里，线下零售几乎是零增长。线下零售日渐式微并非偶然，这五年时间正是垂直电商、新零售、社交电商相继崛起之时。据 IT 桔子公布的数据，2015 年，生鲜领域发生了 246 起投资事件，达到五年内的最高值，到了 2017 年，融资金额总数达 294.48 亿元人民币。

张育群（网名兽爷）曾在《铁打的韭菜，流水的黑马》一文中说：别担心错过什么，因为大部分黑马都将是"分母"。

如今再看，所谓的"分母"不光表示陪跑者，恐怕还是"坟墓"的谐音。

在 2022 年之后的两年，生鲜电商将迎来"倒闭潮"；前置仓成为唯一跑进资本市场的模式，现状却是股价一路下跌，估值腰斩；零售巨头支出数百亿砸向社区团购业务，无奈发展至今尚未出现业绩达标的平台。

就连新零售也未能脱险。超级物种是拉低永辉业绩的"罪魁祸首"，小象生鲜最先退出市场，发展较为理想的盒马被阿里巴巴独立在外，并向子公司大润发借款 1 亿元人民币来维持日常门店运营，同时为了"节流"，2022 年 3 月就关闭了 4 座城市的 5 家门店。

所有生鲜类店的发展并非一帆风顺，就算一开始就有巨头染指，也是胜负难料。前期在各个方向的摸索，展现了零售企业对数字化的"觉醒"和坚定。

高鑫零售、大润发、新华都等零售企业接受阿里巴巴入股，实现了零售业务数字化。推出智慧零售的腾讯，通过微信支付、小程序、腾讯云等工具与零售企业合作，提升了消费者的购物体验。国美、苏宁等家电企业从开店、进店到售后服务多方面落实门店数字化策略。

巨头们跻身零售业，为自己贴上数字化的标签，背后的雄心壮志是想要借助数字化让自己的"盘子"更为壮大。

回首中国零售业数字化的发展历程，最早于 2014 年提出数字零售概念的是多点 DMALL。

在当时，阿里巴巴、腾讯、美团等互联网巨头瞄准传统的零售业务秣马厉兵，其逻辑无非是打造一个三公里范围内的生活入口，让消费者实现线上购物。

但在多点 DMALL 董事长张文中博士看来，如果只是增加到家业务或者小程序功能，那么其仅仅是摸到了数字化的皮毛，只能解决零售业的表层问题，而零售企业真正需要的是用数字化的思维模式和方法论解构、重构零售企业，回归商业本质。

在预判到零售企业将实现全面数字化之后，多点 DMALL 开启了对物美全方位的数字化改造之路。

改造集中在两方面：一方面，基于实体零售的特点，多点 DMALL 首创分布式电商理念和模式，为物美门店提供了店仓一体化服务，实现了线上线下库存一体化、促销一体化的目标，彻底解决了实体零售、电商运营的两大痛点；另一方面，全面推行以智能物联为基础的银线革命，在门店增加电子价签，通过自由购实现自助结账，大幅提升门店收银效率，减少客户排队，助力物美实现用户数字化 50% 以上。

物美联想桥店是最早完成改造的数字化标杆店之一，最直接的表现是，线上销量占比越来越高，从最开始占总量的 2%、3% 慢慢爬升到了 17%、18%。虽然门店营业面积减少了一大半，可线下的销售额并没有减少，线上的部分完全是增量。

多点 DMALL 对物美门店的改造，成功掀起了零售企业实现数字化的热潮。它有别于流量入口和前置仓的做法，是通过零售业数字化帮助传统门店做店仓一体的生鲜到家业务模式，提升门店的运营效率和客户体验。

数字化的分化与发展

零售业数字化的分水岭是在"新零售"烽火燃起的一年后。

彼时，盒马作为携带新零售基因的"入侵者"，所到之处蚕食着传统零售企业的生意，让零售企业意识到，数字化是一种必然选择。

不少大卖场业态的传统零售企业效仿盒马，通过前店后仓加悬挂链的模式，以及自建的 30 分钟配送团队，组建一个到家模式的闭环。

然而，大象的转身从来都没有那么简单。庆客隆超市董事长王壮一就曾坦言："公司花了很多钱培育电商体系，但还是无功而返。"从 2020 年前后布局全渠道的永辉，目前线上业务占主营业务的比例不超过 20%。就连数字化最早的实践者——天虹，自建之路也并非坦途。

传统零售企业不仅需要花费大量的资金进行采购或研发智能系统，更需要兼顾线上运营和门店运营，还面临着复杂的业态融合问题。另外，超市门店和独立前置仓的配合，线上和线下库存与电商交易系统的同步，都是传统零售企业自行完成数字化的挑战。

因此，第三方平台逐渐涌现，它们在不改变商品结构和陈列结构的情况下，为零售企业提供履约服务，比如京东到家、美团和饿了么。

只是在当时，很多零售企业并不敢将自己的系统改造交付给第三方平台，背后的原因是零售企业担心自己的商品数据和客户消费信息被窃取，也担心被平台绑架。

为了打消零售企业的顾虑，多点 DMALL 在与零售企业合作之前，会提前界定数据归属、获取和使用规则等问题。另外，多点 DMALL 零售云数据中台的数据统一，能够消除"信息孤岛"现象，也是一个数据梳理、数据标准化和数据结构化的过程。

在面向 C 端部分，多点 DMALL 会为商家构建私域流量矩阵。由于多点 DMALL 自身并不是电商企业，虽然有多点 APP，但多点 APP 在不同商家使用时归商家所有，交易数据都是商家的，不是多点 DMALL 的。这些举措都是在尽可能地保证所有合作伙伴的数据、信息安全。

至于传统零售企业顾虑的线下流量可能会被到家业务掠夺的问题，也是多点 DMALL 在发展过程中重点考虑的。其合伙人刘桂海就曾在采访中说："传统商超不愿意门店价值流失，他们希望越来越多的人能来逛实体店，以期待线上线下全渠道增长。"

其实，面对零增长的线下零售企业，根源在于客户需求的变化。针对消费渠道碎片化、零售企业经营管理和消费者购物行为的移动化，以及消费需求的个性化，多点 DMALL 贯穿整个零售业，在客户、门店、商品、供应链管理及智能物联等五个方面，分别提出新的解决方案来满足零售企业存量优化和增量需求。

从多点 DMALL 帮助物美联想桥店改造的成果来看，门店经营面积从原本的1.2 万平方米缩减到 3500 平方米，精细化用户运营，通过 AI 算法预测选品和智能补货，将商品品种数大幅缩减，业绩不降反升。

同时，通过资源和数据的在线连通，让物美与供应商高效协同，门店的库存周转仅需 15 天，远低于行业内的平均水平（40～50 天）。这就意味着门店的现金使用效率可达业内平均水平的 2 倍至 3 倍。

当多点 DMALL 在全国物美门店跑通后，随即引入其他诸多商超。截至目前，多点 DMALL 已经和武汉中百、麦德龙、广东 7-Eleven 等零售企业，伊利、宝洁、亿滋、百事可乐等品牌商深度合作，帮助零售企业和品牌商完成数字化升级。

"分食"零售业数字化

从 2020 年开始，数字化成为零售企业"宏观叙事"中最为显著的变化。

2020 年突然爆发的疫情让传统零售企业遭受到了不同程度的打击，在随后的漫长周期中，数字化提速成为企业迅速"回血"的手段。

实际上，在疫情前就早已布局线上业务的零售企业已率先斩获了新红利，销售额都实现较大幅度的增长，线上订单更是成倍飙升。

《灵兽》此前报道过，在 2020 年的春节期间，"永辉生活到家"在福州地区的订单量同比增长超过 450%，销售额同比增长超过 600%；通过模式创新和全员动员，"步步高 better 购"小程序中的到家业务量同比实现 12 倍增长；麦德龙在北京及重庆地区 C 端全渠道订单量月环比增长 60% 以上。

疫情的发生催化了生鲜到家业务，使消费者养成线上消费习惯，让线下零售企业过去进展艰难的线上到家业务，迅速完成了从 0 到 1 的蜕变，也让提前就布局了数字化的企业将疫情对业绩的影响降到较低水平，甚至逆势增长。

此后，零售企业数字化这条道路上有了越来越多的参与者，阿里巴巴的翱象、微盟、有赞开始涉足实体零售数字化，陆续发布相关解决方案、业务出海策略等。

在零售企业数字化市场被多方分抢的情况之下，先行者多点 DMALL 经过多年的经验累积和技术研发，已经能为零售企业提供全套服务（底层系统、前台、中台），可灵活配置组件化方案。

张文中也曾强调，真正的数字化不只是一个产品和解决方案，是从零售企业方方面面解构、重构，以此实现简化、优化、一体化，而要做到这一步，就需要强大的第三方 SaaS 平台作为支持。

与单纯想要为传统零售企业做存量的线上业务不同，多点 DMALL 作为一端连接消费者，一端连接商家和实体经济的服务商，将目光锁定在解决实体零售"人货场"的协同上，以便帮助商家业务增长，提升消费者的体验。

以广东 7-Eleven 为例，目前多点 DMALL 已对其 1470 多家门店及 3 个配送中心从传统的 IT 系统全部切换为多点 DMALL 的零售云，形成了从消费者、门店、供应链、加盟商、仓储物流到总部管理的全流程数字化体系。

改造后的广东 7-Eleven 仓库通过多点 DMALL 的 WMS 系统解决方案，从供应商协同（自助签到屏方案）到仓库创新的分拣模式（PDA+指环方案），仓库运作效率全面提升。

通过仓库数字化大屏，实现仓库作业数据可视化，在线展示业务现场各环节进度、作业效率，提前预测作业结束时间，现场班组长可直观掌握现场进度，高效管理现场。

据悉，广东 7-Eleven 供应商的送货平均等待时间可减少 20 分钟，仓库办公文员的工作时间可每天减少 2 小时，冻货到店时间提前 1~4 小时，增加了门店销量。

重庆百货的数字化改造也很相似，多点 DMALL 在商品选品、陈列、招商、补货等环节参与进来，优化商品结构，调整补货策略，门店陈列全面数字化，帮助重庆百货招商增收近千万元，商品减品两万余 SKU（库存的最小单位），库存周转天数由原来的 56 天降低到 30 天。

全球零售业数字化

微软 CEO 纳德拉曾言："我们的经济正在经历广泛的数字化，在接下来的 10 年里，我期待着软件和数字技术像电力一样帮助每个行业。"

就像人离不开电力一样，人也离不开数字化。

张文中也曾言："只有全面拥抱数字化，才能在数字化时代更好地生存。"

这场由中国掀起的零售企业数字化变革之风，正刮向国际零售企业。

日本永旺株式会社社长吉田昭夫就公开称："未来十年，对于永旺，甚至整个零售业都将是发生重要变革的关键时期。要应对这些变化，数字化是第一要务，希望学习中国的数字化技术，并将其推广到日本及东南亚。"

尤其在疫情的催化下，全球的传统零售企业处于低谷期，数字化无疑是一种希望。

2021 年，多点 DMALL 与德国麦德龙集团签署国际战略合作协议，将发挥技术优势与麦德龙集团共同交流探索在欧洲市场进行数字化合作的空间，首先聚焦于小型零售企业，尤其是麦德龙在东欧地区特许经营便利店的用户提供数字化零售解决方案的可行性。

如果多点 DMALL 与麦德龙集团的探索成功，将意味着在欧洲市场起到示范效应，这也是进一步迈向全球的里程碑。

值得一提的是，在中国加入 APEC 三十周年工商界主题活动暨 2021 年 APEC 工商领导人中国论坛上，多点 DMALL 入选"中国数字经济产业示范样本 50 企业"。作为数字零售行业的引领者，多点 DMALL 对零售业数字化转型及中国零售 SaaS 出海的价值与意义再次受到肯定和展示。

2022 年是多点 DMALL 成立七周年。多点 DMALL 兴起于一个面向终端用户或消费者的大时代，彼时移动互联网碾压一切，数字化概念尚未成型。多点

DMALL 创立之初即前瞻性地提出零售业未来发展要在全面数字化基础上实现线上线下一体化。这被证实是零售企业发展的必经之路。

在新冠疫情之下，多点 DMALL 覆盖了零售基础设施网络，自助购入驻武汉火神山、雷神山医院超市，协助合作伙伴在全国建立 6000 多个社区抗疫提货站，助力商超实现四保，助力国家抗疫指挥决策。

2022 年 3 月，三河出现新冠疫情，"北三县"再次进行区域封控管理。区域内一众零售企业关闭门店，靠微信群、小程序运营。物美迅速响应防疫保供号召，线下门店关闭，而线上订单量较平日翻了三番，销售额较疫情前增长 43%。

线下门店关闭，线上销售全覆盖之前的"线下+线上"订单。物美充分发挥 DMALL OS 数字化优势，从"人货场"三个方面简化优化流程，减品提效，数字化预测销量以指导备货，到家业务无盲区全城覆盖，智能分单提高拣配效率，灵活调整配送范围等，一系列数字化抗疫组合拳助力业绩逆势增长。

回望多点 DMALL 走过的七年，每一步都论断了零售企业数字化的阶段性发展，如今的多点 DMALL 已不再是零售业的附属品，而是助力零售企业全面拥抱数字化，实现业务突破和升级，为零售业数字化开路。

透过多点 DMALL 七年来每一次对行业的预判及践行落地，可以看出，零售业数字化正是精准踏在了整个行业、国家乃至全球数字经济发展的轨道上，影响和重塑新的零售业。市场正在给先行者报之以红利。

第五章 未来展望：零售业数字化与数字零售发展

Future Outlook：Digitalization of Retail Industry and Development of Digital Retail

5

Chapter

本章作者：中国人民大学商学院教授宋华

随着移动互联网、电子商务的广泛发展，特别是智能终端的普及，物联网、AI 和区块链的运用以及后台云计算和大数据的能力，促使零售业迈入数字零售时代。数字零售的实现，意味着围绕零售的各类业务，包括上下游作业环节都将在未来被数字化、网络化，即品牌规划、商品供应、物流分销、零售经营和消费行为都会通过数字技术进行重构、连接。数字零售可以理解为围绕或使用不同数字技术的流程再造，从在线零售开始，最终走向全渠道零售，以不同形式整合传统的实体零售和数字零售，推动消费者消费行为和供应商、渠道商经营行为的转变。

零售业数字化并不是简单地应用互联网和数字技术，建立电子商务，而是全面实现数字驱动的零售运营活动。之所以出现这样的变化，是因为目前的消费者越来越熟悉互联网和数字技术的应用，消费行为越来越脱离不了移动互联网。因此，为了顺应这一发展趋势，品牌商、渠道商和零售企业都在纷纷探索如何将作业活动数字化。然而，简单地增加数字可能并不能帮助企业实现转型。一个企业的长期生存需要从单一的，甚至多渠道的方式转向全渠道的方式，因为消费者期望无缝地对品牌、服务、跨设备、渠道的一致体验。虽然数字技术是这一转变的核心，但它的成功执行需要经过深思熟虑的规划和跨各种零售功能的交叉协作。只有把握了这些关键因素，才能借助零售业的数字化走向数字零售。

第一节　移动互联网成为零售业发展的基础设施

零售业中一个显著的发展趋势是，基于移动设备购物越来越成为消费者购买商品的主导方式，发展速度甚至超过了在线零售。据 Statista 统计，2019 年，美国移动零售达到 2206 亿美元，2020 年上升到 3119 亿美元，2021 年进一步上升到 3621 亿美元，预计 2022 年到 2025 年，移动零售会分别上升到 4314 亿美元、5118 亿美元、6045 亿美元和 7104 亿美元。这一状况在中国表现得也非常显著，据智研咨询发布的《2021—2027 年中国移动购物行业市场发展前景及投资规模预测报告》显示，2020 年中国网络购物使用率为 79.1%，手机网络购物使用率为 79.2%。这一趋势无疑表明，移动互联网将成为零售领域重要的基础设施，其重要性不仅在于消费者可以应用移动设备便捷购物，还在于移动设备也正在成为所有零售渠道的强大连接器，无缝连接店内和数字渠道。具体而言，移动互联对于零售业的影响主要表现在零售服务和零售支付两个方面。

零售服务主要是移动互联对于提升零售业客户服务效率和效能的促进作用，具体为：其一，精准的客户维系和发展，借助移动 APP，消费者在移动端形成的数字资产将成为零售客户管理的重要手段，诸如愿望列表功能可以让零售企业更多地了解消费者的选择和偏好，并推出有针对性的优惠券和优惠，帮助消费者更快地获得奖励；其二，让消费者清晰了解零售库存，应用程序上产品可得性的信息，可以让消费者实时了解店内和网上库存，从而帮助消费者做出明智的购买决策；其三，提高消费者的参与度，移动互联网上的数字沟通以及消费者的反馈和评价，能够使消费者更便捷、无缝地与供应商或品牌商互动；其四，实现实时下单和再下单，移动应用程序尽可能地减少了摩擦和延迟，24×7全天候购物方式消除了传统实体店的购买障碍，"再下单"功能也缩短了消费者购物漫长的搜寻过程。

移动互联网带来的另一个重要影响是支付方式的改变，即消费者或者零售供应链参与者可以借助移动设备以及设备上的应用程序实现销售点近距离支付和远程支付。这种支付方式为消费者同样带来了无缝高效体验，也加速了零售企业、分销商以及品牌商资金快速流动。具体地讲：一方面消费者借助于电子钱包和移动终端，能够更好地管理资金和奖励，实现快速支付；另一方面通过终端设备，零售企业、分销商和品牌商也能及时知晓商品销售的资金状况，及时组织产品的采购、分销或补货，优化了零售经营的现金流。

第二节　基于全渠道的展厅和反展厅成为零售业发展的主要模式

零售业发展的一个重要方向是越来越关注和强调个性化的营销，即针对客户个性化的诉求提供相应的产品和服务。显然，这就要求创建一个跨渠道或多渠道的零售体验，目标是通过网络通信、移动终端、电商平台和零售店渠道提供一致的信息和客户支持。此前，要实现这一目标会有诸多挑战，其中一个最普遍的问题是，网络渠道和零售渠道各自有独立的销售目标，最终使其无法协调工作。此外，促销优惠、退货政策和费用也因渠道而异。数字技术的发展，特别是移动互联的发展，使得全渠道成为零售营销的主旋律。维基百科对全渠道零售的定义是"全渠道方法将跟踪所有渠道的顾客，而不仅仅是一两个渠道。所有的购物渠道基于相同的产品、价格、促销活动等数据库运作。全渠道零售企业不是将各种触达点视为同一品牌的一部分，而是让消费者体验品牌，而不是品牌中的一个渠道。商品和促销活动不针对渠道，而是在所有零售渠道中保持一致"。显然，全渠道意味着消费者利用移动互联和其他数字技术创造全新的个性化体验。消费者不会考虑渠道的差异来决定购买，而是充分利用各类渠道的不同特点，以最大化实现自身价值和体验。因此，这就推动了零售展厅（Showrooming）和反展厅（Reverse showrooming）发展。

展厅是指在网上购买产品之前，亲自到实体店看一看、摸一摸、听一听或闻一闻。一般来说，零售展厅是一个展示库存商品以供销售的实体空间。以往，消费者越来越多地是到实体零售店核查潜在的购买商品，随后会在网上进行比较并购买，以找到最佳价格。对于很多零售企业而言，特别关注的是消费者全渠道的购物方式，即在参观实体店时，使用智能手机和平板电脑进行商品比较。在这种购买模式中，当消费者站在实体店中时，就有可能完成了从竞争对手处下单购物。以往零售企业并不喜欢陈列，因为需要支付商品陈列成本，同时冒着"给在线零售企业提供信息服务"的风险。由于在线零售企业的店面房地产和维持销售人员等方面的运营成本较低，因此可以以低于传统实体零售企业所能承受的价格提供商品。如今，实体零售企业已经接受了购物模式的改变，并正在尝试利用展厅的方式，将其从劣势变成优势，也即反展厅。

反展厅是首先在网上搜索、浏览和研究某款产品，然后前往实体店购买。这与之前被业界普遍关注的展厅现象恰好相反。后者指的是在实体店看好商品后，再通过在线零售企业购买。反展厅成功策略包括网上购买、店内取货，即一种混合的电子商务模式。消费者在网上购买或选择商品后，在实体店或取货点提货；实体店购买，价格有保证；在线购买，实体店退换货；实体店购买，享受免费送货；在线预订，实体店检测测试；利用数字技术优化实体店内访问。

无论什么样的购物方式，零售企业应该将各类渠道整合成一种有凝聚力的、一致的、面向消费者的方式，以便为消费者提供最佳购物体验。当一个零售企业设计移动网站和相关的应用程序时，应该抓住这个机会来定义一个统一的数据源。在为消费者创造这种全渠道体验的同时，零售企业还可以通过将分析技术嵌入网站和应用程序，以获取有关消费者的新数据。

第三节　数字驱动的运营是零售业发展的关键

零售业创新发展的关键要素是数字驱动的运营。以往零售业的运营主要是经验驱动，即在很大程度上依赖于人的经验做出关键决策，如库存放置、履行网络设计等。虽然在这个过程中仍将使用数据，但基于经验和人类判断通常是零售业运营成功的关键。例如，传统的库存补充模型依赖于需求分布的状况和供应商交货时间的假设，以便做出最优决策。此外，产品品类解决方案也在很大程度上依赖于经验丰富的品类经理来提出。而数字驱动则不同，其运营决策依赖于数据本身，而不是人的经验。由于数据可用性的大大增加，以及数据挖掘和机器学习技术的进步，使得管理者能借助实时获取的数据做出及时、恰当的决策。例如，基于学习的补货算法利用观察到的需求数据来帮助改进库存决策；基于机器学习的库存算法可以直接获取历史销售和采购订单（PO）信息，产生最优决策；嵌入技术可以通过历史客户订单数据有效地学习产品的相似性等等。正是因为数字驱动成为零售业未来发展的关键，因此一些新兴技术将会越来越多地在零售业被采纳和广泛应用，包括物联网自动化（IoT-driven automation）、数字孪生（Digital Twin）、持续智能（Continuous Intelligence）以及沉浸式体验（Immersive Experience）。

物联网自动化可以跟踪和收集部署在整个零售价值链上的传感器数据，包括销售点、库存管理和供应链规划。对收集到的数据进行处理后，可获得对诸如消费者移动购买行为和社交网络趋势等参数，并创建业务策略，提高业务的连续性和效率。显然，这需要有一个整体性的框架以规划整合物联网和自动化。不同的组织以及不同的行业对自动化的定义显然有不同的理解，因此，需要结合企业和行业特殊性的要求来界定自动化的范围和流程，使其能够实现跨领域的广泛协作，将原来孤立的技术和资源集成，实现一体化、自动化的业务流。

数字孪生是物理运营体系的数字描述及详尽仿真，使用实时数据和现实状态预测运营动态变化和发展，使企业可以了解运营行为，预测异常情况，制订行动计划。具体地讲，数字孪生可以用于：了解运营动态变化和行为；发现运营中的瓶颈环节或活动；测试运营规划变更和应用；监控运营中潜在的风险，探知应急举措的效果；运输规划；库存优化；现金流与成本分析以及未来数天和数周的预测和举措。

持续智能是将实时数据分析集成到业务运营中，处理当前和历史数据，即刻响应业务事件和其他事物的数字化模式。例如，零售企业在客户网上购物时，利用持续智能可自动对客户行为做出反应。这可以实现更好的客户服务、更高的客户满意度和量身定制的优惠，从而为企业带来更高的销售收入。持续智能的关键能力包括：增强分析，即通过最佳数据分析增强人类直觉，使用 AI 和算法不断处理数据并呈现实时事件和预测，从而进行更深入的分析和协作，推动立即采取行动；实时数据供应链，即打破数据供应链中的孤岛，结合目前和历史数据，创建易于发现和访问的动态数据集；动态预警与事件触发，即能够将显现的突然事件转化为动态预警，可根据业务规则和优化逻辑触发下一步采取的行动；嵌入式在线智能，即由于持续智能是即刻执行的，因此需要有支持全方位数据分析场景的平台，将这一平台嵌入业务流程，可随时调用执行。

虚拟现实、增强现实和混合现实等沉浸式体验有可能从根本上影响零售运营，因为该技术可能会改变消费者的购物方式。它不仅仅改变了消费者在网上搜索和探索商品的方式，而且还提供了完全的沉浸感，让零售企业有机会以更少的干扰传达品牌信息，并在消费者的脑海中留下深刻影响。eBay 与澳大利亚零售企业迈尔斯公司（Myers）合作，推出了一家虚拟现实零售店，允许消费者使用智能手机上的应用程序和免费的虚拟现实头盔查看商品。

第四节　零供协同供应链是零售业发展的内核

　　零售业的持续发展有赖于供应商与零售企业的协同与合作，供给和需求不能有效对接，不同主体之间难以形成共同体，零售业的创新就难以持续。以往供应商与零售企业是博弈关系，各自关注的是自身的利益：一方面，零售企业试图通过压低价格和其他合同条款，为自身利益最大化而压榨供应商；另一方面，供应商更多地关心能否进入更多的店铺，争夺更多的渠道资源、铺货量等，抢占地盘与货架资源。显然，这种博弈关系难以支撑新零售的发展，因为供需之间的信息割裂和业务对立使得供给和需求难以实现精准匹配，组织之间也不能协同运作，一旦外部环境出现不确定性，那么整个供应链就可能出现中断，零售活动以及针对消费者的服务难以高效实现。因此，只有供需之间能够有效地产生连接、合作，并且实现业务的协同运作和共同决策，才能推动零售创新。

　　零供协同供应链的内涵不仅仅指的是零售企业与供应商之间能够实现信息数据的共享，而是能就供应链业务流程的各个方面实现智能化的协同决策，包括：第一，销售预测与需求计划，基于消费者交易数据以及数字化技术获得的各类数据，综合分销渠道、运输配送等数据，利用数据挖掘和大数据分析技术预测终端需求，形成实时有效的需求计划；第二，供应计划和智能补货，即根据零售需求计划，能在网络各个节点实现供需平衡和实时补货计划，精准匹配供求关系，为零售个性化服务提供强有力的支撑；第三，仓网规划与仓库规划，基于市场需求、SKU 分布特点、供应商生产分销状况以及网络成本等因素规划最优仓网布局方案，同步完成各个节点仓库的设计和规划；第四，库存优化，基于 SKU 画像、网络结构、消费者行为特点等对库存进行深度优化；第五，供应链金融服务，基于客户的信用融通上下游，协助零售供应链降低资金成本；第六，供应链控制塔。供应链控制塔最早是由高德纳、埃森哲、凯捷咨询等机构提出的，指的是提供端对端的无缝整体可见性，实时数据分析，预测和决策，及时解决问题、协同的、一致的、敏捷的和需求驱动的供应链。显然，通过智能控制塔不仅能够有效可见业务和资产的运行状态，而且能够通过异常判断和根源分析进行风险预警，监测零售供应链。

第五节　增值分销是零售业发展的保障

　　零售业的发展离不开分销物流的支撑，没有良好的渠道商或分销商的数字化服务，零售业的数字化发挥也会有较大的制约。在分销物流服务领域，增值分销成为重要的发展方向。增值分销是市场营销中的发展概念，指的是通过卓越的数据驱动的营销和销售，高效的产品分销，独特的产品规划和卓越的采购能力，帮助客户在供应链运营中增加或创造独特的价值。

　　增值分销实现的价值主要为：第一，为增值分销商提供了一个了解产品、提出建议并可以帮助客户在系统中进行操作的销售团队；第二，优秀的增值分销商非常熟悉内外市场，可以为客户提供从其他渠道难以获得的建议、数据、反馈以及对市场的全面洞见，使其能够充分了解经营的产品、工作方式以及面对的终端市场和消费者；第三，能够为渠道合作伙伴提供培训以及运作方法；第四，增值分销商具有良好的技术经验和能力，能够在需要的时候为客户提供方案设计、展示以及执行；第五，增值分销商能为客户提供多种信用服务，包括贸易信用、授信融资到融资租赁等各类金融服务。显然，增值分销商要实现上述价值和利益，需要具备四个类别的服务能力：物流服务能力，包括数据驱动下的渠道选择、合理的网络规划、制定库存战略、良好的仓储管理、对第三方物流服务商的管理、物流成本综合管理、物流服务质量管理以及仓配运一体化协调管理等；技术服务能力，包括能够根据客户的状况以及产品的特点，提供定制化的系统设计方案、在与客户充分交互的基础上规划云端架构、制定良好技术实时路线图、部署相应的技术、实施连接、开发服务模块、运维平台等；信息服务能力，包括数据的全周期管理和服务，即从数据采集到决策支持和市场洞见全过程、各个环节的服务能力；增值服务能力，包括在分销供应链运营中所能涵盖的所有增值性服务，即所有的交易性服务、金融性服务和人力资源服务。

◇ 后　记 ◇

"让无力者有力，让悲观者前行。"书至此处，这句曾为无数人带来希望的《南方周末》新年献词再次浮现在我的脑海中。

百年大变局叠加新冠疫情影响，市场之艰难有目共睹。但，日子再苦，也要活下来，承认艰难，反而更要奋起抗争，杀出一方天地，觅得一线生机。

这，既是所有零售人保民生、促消费的责任，更是危急时刻舍我其谁的担当。

多点 DMALL 在成立的 7 年多时间里，见证并陪伴了我国零售业的摸索求变和逆势突围，尤其最近 3 年，闭店、断货、缺人……困难肯定有，但办法显然更多。

作为一名曾经的零售业从业者、如今的零售业数字化赋能者，我对行业的责任与压力、复杂与琐碎、艰辛与微利感同身受。也正因为有这样的渊源，多点 DMALL 一定要做出切实解决行业痛点，并以最优解助力企业降本、提效、增收的数字化解决方案。

我始终谨记，从产业中来，到产业中去，既要充分尊重并复用零售业千百年来传承至今的经验和资源，又要充分发挥大数据、云计算、人工智能等前沿技术手段对零售业的赋能价值，最重要的是，将行业最佳实践融入先进的技术方案，形成适配性更强、性价比更高的一站式全渠道数字零售解决方案。

鉴于此，我和高管团队每周都会召开多次例会与合作伙伴交流，听取他们的需求与建议，并要求每一位多点人都要到卖场、仓库中去，亲自感受零售场景中的痛点和难点，鼓励多点人以"逛超市"为乐，必要时与合作伙伴一起在零售战场摸爬滚打、并肩作战。我相信，只有与合作伙伴成为同一战壕的利益共同体，所提供的解决方案才可能真正落地、复制、迭代。

我无比坚信，无论环境如何变化，商业的本质始终都是更好地满足用户需求。数字化并不是遥不可及，更不是一句空话、一个概念，它与每个人、每家企业都息息相关，每个人、每家企业也必将享受到更大的数字化红利。

数字化是风口，却又不只是风口，更像一场不断升级的马拉松。数字化是工具，却又不只是工具，数字化思维是决胜的关键。数字化是科学严谨的数字技术，比人更懂人心。唯有回归商业本质，唯有先助合作伙伴获得成功，多点DMALL 才有可能践行使命、达成愿景。

因此，多点 DMALL 会与合作伙伴一起规划"成功路径地图"，拉齐战略目标，提升认知技能，升级数字化思维。我希望，多点 DMALL 不仅能为合作伙伴提供一个好用的数字化工具，还能为合作伙伴传递数字化理念和思维，帮助合作伙伴培养自己的数字化能力。无论是眼下的私域流量还是未来的元宇宙，多点DMALL 都有能力和底气让其为己所用，构建自己的"护城河"。

我欣喜地看到，在全面数字化解决方案的助力下，合作伙伴的运营效率有了大幅提升，顾客体验有了显著改善，经营成本有了有效降低，甚至面对疫情也能快速响应、顺畅运转，挑起保民生的重任。

在这里，我要感谢所有的合作伙伴！感谢他们率先拥抱数字化，为那些还在迷茫的零售企业指明方向、传递信心；感谢他们在危急时刻挺身而出，用他们的赤诚与数字化"武器"为千家万户送去踏实和安心；感谢他们为我国零售业数字化转型的千秋大业所做出的积极探索和勇敢实践！没有他们，就没有今天我国零售业数字化转型的最优解，多点 DMALL 就不能作为我国零售 SaaS 代表出海欧洲、东南亚等地区，不能在全球零售企业落地上线。正是他们的力量，让人热血沸腾，让无力者有力，让悲观者前行，也让我相信，随着数字化技术的成熟和普及，更多行业佼佼者最佳实践经验的融入，零售业数字化解决方案一定能更好地迭代、进化，一定能帮助每一位后来者在这条道路上跑得更快，行得更远。

我期待着，多点 DMALL 的 DMALL OS 作为数字化时代的"水电煤"，能以更低门槛、更高效率、更优体验，让更多零售企业"即插即用"，降本、提效、增收，也期待着，全行业能形成更广泛的、更标准的数字化联盟，让所有环节的数据都能互联互通，打破信息孤岛，撬动全链条飞速增长，让数据和技术更好地为商业所用。

仅以此，以明心志，并以自励。

感谢正在看这本书的您。在全球数字经济浪潮之下，多点 DMALL 只是一个刚刚踏上征程的追梦人。我们诚惶诚恐，记录下与零售企业、品牌商在数字化转型过程中的心得感悟，若能对您有些许启发，则是我们莫大的荣幸。

最后，再次感谢您及所有为本书付出努力的朋友们，您所提出的宝贵意见必能帮助我们做得更好。

多点 DMALL 总裁　张峰

2022 年 9 月